COMMENT LA FRANCE A (ENCORE) PERDU L'ALGÉRIE

Mélanie Matarese

COMMENT LA FRANCE A (ENCORE) PERDU L'ALGÉRIE

Les Presses de la Cité

92, avenue de France – 75013 Paris
ISBN 978-2-258-20703-5
Dépôt légal : octobre 2024

Introduction

Pour les Français en général et – plus inattendu – pour les diplomates pourtant formés à lire l'Autre, l'Algérie ressemble à un trou noir. Une masse dense et complexe d'où la lumière ne peut s'échapper et à proximité de laquelle l'espace-temps est distendu.

Vu de l'extérieur, il est en tout cas très difficile de la « lire » et d'avoir une vision claire de ce qui s'y passe : quand on fait l'effort de s'intéresser à l'Algérie, les informations les plus accessibles depuis la France, en temps réel, sont d'abord celles générées par des récits partiels et orientés : ceux, officiels, de la communication des sphères civile et militaire et de certains médias satellites ayant réussi à prospérer grâce à la rente des hydrocarbures. Et puis ceux de certains opposants « offshore », en particulier des mercenaires médiatiques et des islamistes revanchards installés à l'étranger qui souhaitent voir le pouvoir tomber. L'entre-deux peine à exister.

D'abord parce que la presse algérienne, qui pourrait le mieux rendre compte sinon de la réalité, au moins d'une réalité, n'est plus en mesure de le faire. Les titres, francophones comme arabophones, qui pouvaient se prévaloir d'une certaine forme d'indépendance depuis leur création, au début des années 1990, jusqu'en 2014, année charnière qui marqua le début du quatrième mandat d'Abdelaziz Bouteflika, ne sont plus que l'ombre d'eux-mêmes, certains ayant même disparu. Victime de la famille Bouteflika au pouvoir – Abdelaziz (président de 1999 à 2019), mais aussi Saïd, son frère cadet, dont la volonté de mettre au pas les médias s'exprima par des sanctions administratives et du harcèlement judiciaire –, de l'argent des réseaux mafieux et de la corruption, de l'absence de formation et de l'effritement des élites, le paysage médiatique n'offre que désolation.

Ensuite parce que les réseaux sociaux participent à la diffusion d'une réalité parcellaire, souvent excessive, en tout cas rarement neutre, et agissent comme un prisme déformant.

Voilà plus de quinze ans que je vis en Algérie. J'y ai exercé comme journaliste, lancé un journal, *El Watan Week-end*, et j'y dirige aujourd'hui une entreprise. Comme le veut mon métier, je flirte avec les élites – ou ce que l'on pourrait, par commodité, définir comme telles – politique et économique, et j'ai construit mon univers dans une sorte de zone grise par définition à jamais précaire, où, par un pacte faustien avec les autorités, j'ai renoncé à toute visibilité en échange de ma sécurité jusqu'à une date inconnue. Une expérience assez rare pour une Française, les expatriées – par choix ou pour raisons professionnelles – restant très rarement aussi longtemps.

Toutes ces années, donc, j'ai vu passer quelques ambassadeurs aux styles très différents, et de nombreux diplomates avec lesquels j'ai eu la chance de passer du temps. Tous ayant une certaine idée de la France et de la façon dont elle doit se projeter à l'étranger – en l'occurrence dans ses anciennes colonies –, tous expérimentés, certains avec une histoire personnelle les liant à Alger. Arrivés en poste avec enthousiasme, une envie et une volonté de dialogue, l'énergie pour construire quelque chose là où leurs prédécesseurs avaient échoué, tous sont repartis avec un fond d'amertume, d'incompréhension, de déception ou de rancœur.

Dans un climat délétère, ou supposément délétère, de campagnes, de rumeurs selon lesquelles le pouvoir algérien ne les supportait plus, persuadés que les critiques et les attaques que les réseaux entre la France et l'Algérie relaient à la vitesse de la lumière étaient d'ordre personnel.

À leur décharge, la France a des raisons d'être déstabilisée. La remise en question de la présence/influence française en Afrique subsaharienne et en Afrique de l'Ouest, si elle est moins violente en Afrique du Nord, n'en est pas moins réelle et grandissante depuis l'intervention de l'OTAN en 2011 en Libye pour éliminer Mouammar Kadhafi. À une échelle plus micro, le système politique algérien n'a pas beaucoup changé en quinze ans, mais le Hirak de 2019 – vaste mouvement populaire qui a contesté un projet de cinquième mandat pour Abdelaziz Bouteflika, a obtenu sa démission puis a réclamé « un État civil, non militaire » – a provoqué des bouleversements internes dont les conséquences ont été difficiles à lire pour ses partenaires quels qu'ils soient. Ces chamboulements ont impacté les canaux de discussion et les interlocuteurs avec lesquels la France a l'habitude d'échanger, ajoutant à l'opacité générale des silences incompréhensibles et concrètement obstructifs pour la relation diplomatique.

La relation France-Algérie ne pouvant être déconnectée de son environnement, elle doit être aussi lue à la lumière de ce que vivent ses partenaires, en particulier européens et même italiens, qui ne sont pas mieux lotis que les Français. Il existe toutefois pour Paris des invariants qui permettent de « modéliser » la relation bilatérale selon un cycle qui lui est propre : à chaque crise succède une réconciliation. Avec le temps, le déficit de communication générant une multitude de non-dits et de malentendus, la situation pourrit à nouveau. Et une nouvelle crise éclate avec fracas.

Dans ces moments-là, aucun mot ne peut décrire l'abattement de ceux qui consacrent toute leur énergie à bâtir des ponts entre les deux rives de la Méditerranée et voient leurs constructions s'effondrer au milieu, non plus que leur insondable sensation de gâchis et d'impuissance. À chaque fois pourtant, tout le monde se remet au travail, comme si rien ne pouvait entamer la foi dans ce que cette relation peut donner d'exceptionnel.

L'Algérie-bashing pratiqué en France depuis quelques mois trouve dans les figures politiques de droite et d'extrême droite des porte-voix influents mais enfermés dans des clichés et prisonniers de raccourcis dangereux mais dans le fond structurels. Depuis la Ve République, la France est structurée par la question algérienne. Jean-Marie Le Pen a redonné un nouveau souffle à l'extrême droite sortie atomisée de la Seconde Guerre mondiale, et fait oublier son honteux passé vichyste-pétainiste en créant une nouvelle obsession : l'Algérie. Pour cette même extrême droite, l'Algérie est responsable de tous les maux de la France, elle est celle pour qui le gouvernement a abandonné ses colons, celle à qui la gauche a tout cédé, celle qui, en revendiquant son indépendance, a remis en question la grandeur de l'empire français.

Aujourd'hui, l'extrême droite instrumentalise les arguments de ceux qui dépeignent une Algérie insauvable pour mieux la stigmatiser, comme elle l'a toujours fait. Dire, comme le fait l'extrême droite, que les Algériens ont trouvé dans la France un ennemi facile pour détourner l'attention de l'échec dans lequel ils ont plongé leur pays est une théorie que l'on peut entendre. Il est tout aussi vrai de dire que la droite et l'extrême droite française, dans la perspective de futures élections, ont trouvé dans l'Algérie une cible commode pour justifier des politiques anti-immigration.

Croire qu'accentuer le rapport de force entre Paris et Alger est la seule clé de cette relation ne mènera qu'à plus de crises. Sur place, la situation est déjà intenable, l'air irrespirable, et la communauté française fait les frais de ces tensions. Certains se voient harcelés par les policiers dans leurs démarches pour obtenir un titre de résidence, d'autres ne parviennent pas à décrocher les rendez-vous administratifs dont ils ont besoin pour leurs entreprises – souvent pour la simple raison que les fonctionnaires ont peur d'être vus avec des Français. Je ne parle même pas des Français qui n'ont jamais réussi à avoir un visa dans le cadre des projets de coopération, dont certains ont été mis en place en soutien à l'Algérie (missions d'appui administratif et financier, missions d'expertise, projets de valorisation agricole, etc.).

Il ne s'agit pas non plus de s'enfermer, comme une partie de la gauche, dans une équation angélique consistant à louer le bon peuple face à la mauvaise dictature, le potentiel d'une société formidable (ses femmes incroyables, sa société civile créative, son opposition politique résiliente) face à un pouvoir maléfique (ses méchants généraux corrompus, ses apparatchiks anachroniques, son président-marionnette).

Le bashing de l'extrême droite comme le discours paternaliste de la gauche ne font pas autre chose que reconduire un cliché-mantra : « l'Algérie a raté son indépendance ».

Existe-t-il une voie médiane, est-il encore possible de construire une relation apaisée et constructive avec l'Algérie et de la regarder autrement que comme une terre perdue ?

« La vertu du temps et la sagesse des hommes peuvent se conjuguer pour puiser dans le passé le serment d'un avenir libéré de toute rancœur et de toute rancune. Quand la mémoire donne sa chance à l'imagination, la réflexion exorcise les ombres et la rencontre peut devenir un rendez-vous de l'Histoire. »

Houari Boumédiène à l'arrivée
de Valéry Giscard d'Estaing à Alger,
en août 1975

1

Le logiciel français : arrogance, mauvais castings et piège de la mémoire

Je préfère la vue sur la baie d'Alger de jour. Plus complexe qu'à la nuit tombée, la mer n'y est jamais de la même couleur et rien ne peut mieux refléter le caractère de la ville que son humeur changeante, tantôt gris-vert, obstinément fermée sous une chape de brume, tantôt turquoise, insolente et éclatante sous le soleil.

La baie est d'ailleurs un grand classique des conversations entre expatriés de différents pays, comme ce soir-là, dans un jardin privé d'El Biar, traditionnellement considéré comme le quartier des étrangers en raison du nombre élevé d'ambassades au mètre carré. Dans cette résidence mauresque habitée par un diplomate, au milieu des bougainvilliers et des *mesk ellil* (jasmin très odorant à la nuit tombée), une coupe de champagne à la main, les invités d'une soirée échangent sur un sujet inépuisable quand on vit en Algérie : la découverte du pays. Dans un mélange d'émotion à l'évocation de leurs nuits en bivouac dans le Tassili (un des plus beaux plateaux du Sahara, à l'extrémité sud-est du pays), d'anecdotes sur les escortes (les policiers qui accompagnent quasi systématiquement les expatriés lors de leurs déplacements à l'extérieur d'Alger, officiellement pour des raisons de sécurité), ou de consternation sur le nombre de sachets plastique qui saturent les paysages, ils partagent leur étonnement sur l'« autre monde » qui s'ouvre à eux dès qu'ils sortent d'Alger. Ils confient leur sentiment d'impuissance face à la bureaucratie (tel conteneur d'affaires personnelles qui n'est toujours pas sorti du port, bloqué par la douane) ou leurs astuces pour trouver de l'artisanat algérien.

Parfois – oubliant que je suis française ? –, ils se laissent aller à quelques *private jokes* étouffées par des rires sarcastiques sur leur cible préférée : les Français ; « le parc Astérix », surnom du parc Peltzer, le site de quinze hectares en plein cœur d'Alger où se trouvent l'ambassade de France et les habitations de nombreux employés de la chancellerie et du consulat ; et, bien sûr, l'ambassadeur de France. Ce « proconsul » dont on moque le fait qu'il se mélange rarement à ses homologues. « Lors des réunions au siège de la représentation européenne, il y a "l'ambassadeur de France" et les autres, les "Européens", dont on croirait qu'il ne fait pas partie, ironisait un jour un diplomate de l'UE. Quand la France restreint les visas accordés aux ressortissants d'Algérie, de Tunisie et du Maroc pour obliger, en 2022, les gouvernements à reprendre leurs ressortissants illégalement passés en Europe, elle agit de manière unilatérale, sans en parler à ses partenaires. Voilà comment Paris agit au Maghreb. »

Depuis quinze ans, ces commentaires présentent des constantes : les Français sont décrits « arrogants » et raillés pour leur façon « de donner des leçons à tout le monde » et de se « croire en terrain conquis ».

Ces remarques sont parfois teintées d'envie quand elles sont émises par des partenaires de la France.

Il y a d'abord les Italiens, qui se sont délectés à voix haute (pour que les Français les entendent bien) de la visite d'État d'Abdelmadjid Tebboune en Italie – en mai 2022, la première visite du président algérien en Europe –, puis de celle de Giorgia Meloni en Algérie. Avant Paris, donc, comme il fut dit, écrit et répété à l'envi pendant des mois dans les médias algériens.

Cette visite s'est faite dans une débauche de démonstration d'amour réciproque : des avions de chasse italiens ont escorté l'avion du président de son entrée dans l'espace aérien italien jusqu'à l'aéroport ; il n'a été question que d'« amitié historique » ; vingt et un coups de canon ont été tirés en son honneur à Naples par le prestigieux navire *Amerigo Vespucci*, le plus ancien navire de la flotte italienne ; et les médias italiens comme algériens ont bien insisté sur le fait qu'entre Alger et Rome « il n'y a pas que du gaz ».

Le gazoduc qui relie les deux pays et fait de l'Algérie le premier fournisseur de gaz de l'Italie porte le nom d'Enrico Mattei (1906-1962). Or l'histoire du fondateur de l'ENI, la major italienne des hydrocarbures, avec l'Algérie apporte un éclairage très instructif sur la relation triangulaire entre Rome, Alger et Paris.

Résistant contre le fascisme, Enrico Mattei s'était notamment opposé au monopole des « sept sœurs », les sept compagnies mondiales qui contrôlaient 85 % des réserves mondiales d'hydrocarbures après la Seconde Guerre mondiale. Il avait soutenu les mouvements de libération dans les années 1950 et établi des liens directs avec des membres importants du FLN, le Front de libération nationale, ce qui lui valut d'être placé sous surveillance par les services secrets français. Mattei avait poussé ses journaux à médiatiser la cause algérienne, faisant de l'Italie le seul pays européen où le FLN pouvait s'exprimer sans entraves. Estimant qu'il valait mieux négocier un accord avec l'Algérie indépendante, il refusa un accord avec la France pour exploiter le pétrole algérien, et offrit son aide technique aux négociateurs d'Évian, en particulier sur l'exploitation des ressources au Sahara. Sa mort, dans un accident d'avion causé par une bombe embarquée, avait été attribuée à la CIA, à la mafia et à la Main rouge. En 2021, l'Algérie décerna à Enrico Mattei la médaille des Amis de la révolution algérienne à titre posthume.

Abdelmadjid Tebboune a toujours su jouer sur la rivalité entre Rome et Paris, rappelant régulièrement que depuis l'indépendance « l'Italie a toujours soutenu l'Algérie ». Ce fut le cas pendant la guerre de libération, mais aussi pendant la guerre civile des années 1990. « À ce moment-là, nous n'avons trouvé à nos côtés que l'Italie. Un blocus aérien et terrestre nous a été imposé et Alitalia a été la seule compagnie à briser ce blocus », a rappelé en 2022 le chef de l'État. Lorsque l'Algérie a rencontré des difficultés pour rembourser sa dette au FMI, Rome lui a aussi ouvert des lignes de crédit.

Pour toutes ces raisons, la bienveillance à l'égard des Italiens est totale et rien n'est refusé à la relation bilatérale. Dans les discours et sur le papier en tout cas. Mais dans les faits, en dépit de leur présumée « relation d'exception » avec l'Algérie, les Italiens souffrent autant que les Français pour voir leurs projets aboutir.

Parmi les partenaires de Paris représentés à Alger, il y a ensuite ceux qui se sont perdus. Soit parce qu'ils ont du mal à cerner le fonctionnement méditerranéen, soit parce qu'ils sont malmenés.

Dans la première catégorie, on trouve les Allemands – et par extension les Scandinaves. Les seuls moments où la Norvège et l'Algérie sont citées dans une même phrase, c'est lorsque l'effet recherché vise à mettre en parallèle la gestion de la rente pétrolière. Là où la première (dont le secteur pétrolier représente environ 40 % des exportations et 14 % du PIB) a su placer l'argent pour les générations futures, la seconde l'a dilapidé. La comparaison cherche donc à mettre en lumière combien les deux modèles sont opposés.

Pour les diplomates scandinaves, l'Algérie n'est pas un poste tremplin pour leur carrière. Trop loin d'eux dans tous les sens du terme.

Ils y viennent avec beaucoup d'humilité, une sorte de fraîcheur désarmante qui leur permet, lors des discours de leurs fêtes nationales, dans leurs coquettes résidences, d'évoquer des sujets irritants pour Alger – la liberté d'expression, la nécessaire défense de l'Ukraine contre la Russie – sans que personne y trouve à redire. Ou, en privé, de demander avec candeur si, un jour, des militaires algériens dissidents pourraient se transformer en milices comparables aux milices soudanaises janjawid qui sèment la mort et le chaos au Darfour.

Ils ont donc taillé à la hache les grandes lignes qui leur permettent de naviguer pendant leur mandat : l'armée et les services de renseignement jouent un grand rôle ; l'économie est modelée par un secteur informel invasif ; la société civile a du mal à exister. Le reste du temps, ils demandent : « Comment on peut aider ? » et cherchent désespérément des dénominateurs communs pour essayer de ne pas trop s'ennuyer. Ils ont trouvé un auteur de polar à inviter ; quelques féministes algériennes à envoyer dans leurs pays promouvoir leur modèle d'égalité hommes-femmes ; plusieurs journalistes auprès de qui parler lutte contre la corruption, recherche de transparence, liberté d'expression et écologie en promouvant l'extase *(sic)* d'enlacer tout nu les arbres, les pieds dans la mousse fraîche.

Dans la seconde catégorie, il y a les pauvres Espagnols, qui, un temps, ont détrôné les Français à la première place de bouc émissaire. Ce fut inattendu, brutal et, pour les Espagnols, traumatisant.

Au cœur de cette crise : le Sahara occidental, ex-colonie espagnole considérée comme un « territoire non autonome » par l'ONU, opposant depuis des décennies le Maroc aux indépendantistes sahraouis du Front Polisario, soutenus par Alger. En mars 2022, par un communiqué du palais royal, le Maroc rendit public un message, jusque-là resté tu, du Premier ministre espagnol, Pedro Sánchez. Ce dernier engageait Madrid sur une toute nouvelle voie : la reconnaissance de la solution marocaine – un plan d'autonomie – comme la base la plus sérieuse, réaliste et crédible pour résoudre le conflit. Dit autrement : l'Espagne, qui avait toujours prôné la neutralité entre Rabat et le Front Polisario, faisait virer de cent quatre-vingts degrés sa politique sur la question.

En quelques jours, Alger déclencha une série de sanctions sans précédent dans une forme de quasi-rupture diplomatique. L'ambassadeur d'Algérie en Espagne fut rappelé. Les autorités suspendirent le traité d'amitié, de bon voisinage et de coopération conclu en 2002… et le rapatriement des ressortissants algériens clandestins arrivés sur les côtes espagnoles. Les prix du gaz ont été revus à la hausse (40 % du gaz consommé par les Espagnols provient d'Algérie).

Alors que les vols vers Alicante et Madrid devaient reprendre après l'interruption due à la pandémie de Covid, aucune liaison aérienne vers l'Espagne n'a été restaurée. Et surtout, l'État algérien a cessé de faciliter les opérations de change pour les entreprises algériennes pratiquant différents commerces de marchandises avec l'Espagne, ce qui a entraîné la suspension de la quasi-totalité des importations et des exportations. Résultat : selon le ministère espagnol du Commerce, les pertes ont été estimées à 630 millions d'euros entre juin et octobre 2022. Des mesures coercitives auxquelles se sont ajoutées les petites mesquineries de l'administration. Lors du dernier Salon du livre, où chaque pays qui le souhaitait disposait d'un petit pavillon, l'Espagne a finalement renoncé à exposer faute… de livres. Arrivé au port d'Alger, son conteneur avait été immédiatement renvoyé en Espagne par les douaniers.

La communauté espagnole en resta pétrifiée. Il y eut des larmes parmi les ressortissantes espagnoles, pour la plupart des femmes de chefs d'entreprise. À défaut de vols, l'avenir s'annonçait déchirant, soit loin de leurs maris, soit loin de leurs familles. Chez les diplomates espagnols, gênés par la volte-face de Sánchez, on essaya de dédramatiser en rappelant un fait : Madrid a historiquement toujours été plus proche de Rabat. Les Espagnols ont continué à faire de la diplomatie, de la realpolitik, avec comme objectif, à moyen et long terme, un retour à la normale. Ils n'ont rien changé à leur politique, ont continué à donner des visas en excluant d'en faire un levier de chantage. « Des coups, ils en ont reçu, et la facture pour Madrid est très lourde, confiait un ex-cadre de l'État. Mais ils n'ont pas vécu les sanctions comme des attaques personnelles, contrairement aux Français, qui vivent en permanence avec le traumatisme de 1962, celui du Français qu'on chasse. Ils ont estimé qu'ils étaient face à un État souverain et qu'ils ne pouvaient rien contre cela. Il n'y a pas eu d'états d'âme, ils n'ont pas pleurniché et se sont dit que la tempête allait passer. »

Et la tempête est passée. Sánchez a été reconduit à la tête du gouvernement et Alger, qui avait misé sur son départ après les législatives de juillet 2023 pour renouer avec son voisin, se retrouve obligée de composer avec lui. Aussi discrètement que possible, les nœuds se sont progressivement refaits : un nouvel ambassadeur d'Algérie a été envoyé à Madrid et les liaisons aériennes ont été rétablies petit à petit. La normalisation politique a été suivie d'un dégel économique via la reprise partielle des importations d'Espagne. Ce réchauffement s'est bien sûr accompagné de quelques couacs. Alger, qui devait recevoir José Manuel Albares, le ministre espagnol des Affaires étrangères en février 2024, a finalement annulé la rencontre à la dernière minute. Les Espagnols, convaincus que la situation reviendra tôt ou tard à la normale, n'en ont pas fait une histoire.

Entre Paris et Alger, la situation est rendue plus compliquée par la nature même de leur relation. Pour résumer : les Français souffrent d'un énorme complexe de supériorité et les Algériens d'un tout aussi énorme complexe d'infériorité.

Un industriel autrefois dans le secteur des hydrocarbures – mais ce qui est vrai pour le pétrole et le gaz l'est pour le reste – remarquait : « Les Français pensent régler les choses en montant au plus haut niveau [comprendre : en tapant directement à la porte des décideurs]. Là où les autres étrangers essaient de dénouer les blocages normalement, en commençant par le bas de la hiérarchie, les Français vont tout de suite chercher des passe-droits, des dérogations, parce qu'ils savent comment ça fonctionne. Forcément, ça agace… »

Dans les faits, les situations se débloquent en effet souvent « par le haut » et par « l'informel », et, sans doute est-ce culturel, les Français font en Algérie ce qu'ils sont habitués à faire en France puisque cela fonctionne de la même manière – mais en Algérie tout est une question de subtilité.

L'important, « c'est d'y mettre les formes », reconnaissent même les Algériens, lucides sur leur propre fonctionnement mais très attachés au cadre institutionnel. Si un Algérien comprend n'être pour son interlocuteur français que le pion d'un État fantoche, il se braque. La requête va se perdre dans les méandres de l'administration, qui se chargera de la bloquer par des doubles verrous.

Mettre les formes n'est pas le point fort de la Macronie. Au cours de l'été 2022, la préparation de la visite du président français en Algérie fut un cas d'école.

Le contexte était déjà particulier : ce voyage avait lieu après presque un an de brouille. En octobre 2021, Emmanuel Macron avait rencontré de jeunes Franco-Algériens et Français ayant un lien avec la guerre d'indépendance. À cette occasion, il avait déclaré : « On voit que le système algérien est fatigué, le Hirak l'a fragilisé. J'ai un bon dialogue avec le président Tebboune, mais je vois qu'il est pris dans un système qui est très dur. » Il avait aussi accusé le système « politico-militaire » algérien d'entretenir une « rente mémorielle » et avait remis en question l'existence d'une « nation algérienne avant la colonisation française ». Ces mots, rapportés par *Le Monde*[1], avaient causé un véritable cataclysme diplomatique dont la relation bilatérale porte encore les stigmates.

Alors que Paris s'agitait pour préparer la visite, les autorités algériennes ont commencé par dire qu'elle ne pourrait pas être labellisée « visite d'État ». Et que, donc, Brigitte Macron ne pourrait pas être du voyage. Abdelmadjid Tebboune avait accepté une réconciliation, mais il ne devait pas y avoir trop d'effusions de sentiments. Il ne fallait pas froisser l'opinion publique, en tout cas pas celle qui s'exprime sur les réseaux sociaux, laquelle avait aussi assez mal pris la remise en question d'une nation algérienne avant 1862.

1. Mustapha Kessous, « Le dialogue inédit entre Emmanuel Macron et les "petits-enfants" de la guerre d'Algérie », *Le Monde*, 02/10/2021, https://www.lemonde.fr/politique/article/2021/10/02/vous-etes-une-projection-de-la-france-emmanuel-macron-s-adresse-aux-petits-enfants-de-la-guerre-d-algerie_6096830_823448.html.

Par ailleurs, de l'appareil algérien tout entier transpirait la crainte que le chef de l'État français ne « dérape » : il fallait canaliser cette visite. Alger ne devait pas servir de tribune à un discours où, sur le modèle de celui de Ouagadougou[1] en 2017, la population serait appelée à prendre son destin en main. Ni de décor à un show où, à la façon de celui de Beyrouth, le système politique se verrait insulté.

Alors que le souvenir du Hirak était encore frais, ce n'était pas le moment, pensait-on à l'intérieur du système, que Macron vienne galvaniser l'opposition (pas seulement l'opposition politique mais aussi le monde culturel ou la société civile, très engagés dans le Hirak et dont certains membres ont connu la détention). Les Algériens savaient ce qu'ils ne voulaient pas, sans pour autant être force de proposition. Comme le raconte un Franco-Algérien impliqué dans l'organisation de la visite : « On aurait dit que les Algériens attendaient que les Français disent "noir" pour pouvoir dire "ah non, ce sera blanc". Ils étaient dans l'inaction totale ! »

1. « Discours d'Emmanuel Macron à l'université de Ouagadougou », 28 novembre 2017, https://www.elysee.fr/emmanuel-macron/2017/11/28/discours-demmanuel-macron-a-luniversite-de-ouagadougou.

Les grandes lignes de la visite de Macron ont donc été tracées par Paris. Les idées étaient ensuite testées et soumises auprès des quelques interlocuteurs algériens des Affaires étrangères et de la présidence, puis, par les mêmes canaux, officiels ou informels, revenaient à Paris. Un tel fonctionnement rendait le rapport de force inévitable.

Macron voulait donner à son voyage une dimension œcuménique. Il avait prévu d'emmener Chems-Eddine Hafiz, le recteur de la Grande Mosquée de Paris, Haïm Korsia, le grand rabbin de France, et d'associer à leur venue, sur place, l'archevêque d'Alger Jean-Paul Vesco. Une telle communion n'a évidemment pas eu lieu. Alger aurait demandé au recteur – en sa qualité de représentant d'une institution algérienne – de ne pas se joindre à la délégation française. Officieusement, il se murmurait que ce même représentant d'un pays qui associe chaque Juif à Israël et refuse de reconnaître Israël ne pouvait pas non plus s'afficher aux côtés du grand rabbin de France ; c'était juste impossible à imaginer.

Chems-Eddine Hafiz déclina l'invitation, et c'est Ghaleb Bencheikh, président de la Fondation de l'islam de France, qui le remplaça. La veille de la visite, Haïm Korsia annula à son tour sa participation, invoquant un test positif au Covid. Il se savait indésirable. Depuis que son nom avait été cité dans la délégation, les commentaires antisémites avaient submergé les réseaux sociaux. Deux jours avant l'arrivée de Macron, le leader du Mouvement de la société pour la paix (MSP, islamiste) avait accusé « la France officielle » de vouloir « ramener le grand rabbin de France qui soutient l'entité [nom donné à Israël] et dénie leurs droits aux Palestiniens ».

Du côté français, on parla de « gâchis » et d'une belle occasion ratée, en regrettant qu'Alger rejette « jusqu'à ses propres Juifs ». Car, pour la petite histoire, Haïm Korsia est issu d'une famille séfarade d'Algérie – son père est originaire d'Oran et sa mère est née à Tlemcen. Il avait déjà exprimé le souhait de revenir en Algérie en 2018, et, s'il était venu, il aurait été la première personnalité de confession juive à visiter l'Algérie dans un cadre officiel. Alger avait accepté que le comédien Roger Hanin, décédé en 2015, soit enterré en Algérie, conformément à une de ses dernières volontés.

Autre sujet de tensions : le déplacement de Macron à Oran et son souhait de « rencontrer la société civile ». Comme Sarkozy était allé à Constantine et après lui Hollande à Tlemcen, Macron tenait à sortir d'Alger.

L'idée fut d'abord accueillie à Alger par de l'étonnement, quelques bougonnements, puis des « OK, on va voir ». Oran fut finalement validé. Mais pas le parcours, semé de pièges. Aller au complexe olympique Miloud-Hadefi ? Pas terrible… Quelques semaines plus tôt, lors des Jeux méditerranéens, la délégation française et *La Marseillaise* avaient été sifflées pendant la cérémonie d'ouverture. La maison natale d'Yves Saint Laurent, transformée en musée par un patron hôtelier oranais amoureux des arts ? Compliqué, le lieu aurait fait replonger ses visiteurs soixante ans en arrière, dans une Algérie française un peu sublimée. Même chose pour le Palais de la Culture, que les Algériens voulaient absolument inscrire au *Macron's Tour*. Une coquille vide qui s'appelait du temps de la France « la Maison du colon ».

Déterminé à ce que cette visite se passe bien, le président Tebboune fit en sorte que les propositions françaises puissent se concrétiser au mieux. En dépit des hésitations et des résistances, voire des tentatives de sabotage orchestrées depuis l'intérieur du système. Car dans le système algérien les courants islamo-conservateurs et souverainistes présents dans l'administration, mais aussi l'armée et les services de renseignement, désapprouvaient cette visite.

La dichotomie entre les discours et les actes, entre la présidence et les Affaires étrangères menées par Ramtane Lamamra, donnait en particulier la sensation que deux mondes fonctionnaient en parallèle. Lamamra était une des survivances du système Bouteflika dont le nouveau pouvoir tentait de se démarquer : le brillant diplomate avait été nommé vice-Premier ministre par le cercle Bouteflika, en pleines manifestations massives du Hirak en février 2019, et soupçonné de vouloir succéder au président affaibli. Quel qu'était son agenda, il a en tout cas mené une forme de résistance, notamment en bloquant les efforts de rapprochement entre Paris et Alger en opposition aux instructions de la présidence. Son coup le plus audacieux fut de tenter d'imposer un autre agenda à la visite d'Emmanuel Macron à Oran, à l'insu de la présidence Tebboune. Paris, qui n'apprécia pas du tout la manœuvre, fit planer l'espace de quelques heures la menace d'une annulation de la visite.

Et le rapport de force tourna à l'avantage du bulldozer Macron. Il réussit à faire accepter une visite marathon de deux jours et demi avec déplacement à Oran. Il imposa non seulement sept ministres et une vingtaine de parlementaires, mais aussi une délégation officielle insolite composée de dinosaures (Benjamin

Stora, Alexandre Arcady, Jacques Attali) et de jeunes personnalités franco-algériennes plus ou moins médiatiques (le chef cuisinier Mohamed Cheikh, la réalisatrice Sofia Djama ou encore un jeune représentant de la high-tech, Chams-Eddine Bezzitouni).

Parmi les diplomates français passés par Alger, certains, même ceux animés des meilleures intentions, l'admettent : le logiciel français balance entre le paternalisme et les clichés. C'est structurel. L'approche de la France reste celle d'un empire face à son ancienne colonie. Elle continue de voir dans l'Algérie son prolongement naturel. Les années passent, les présidents se succèdent et rien ne change pour autant.

Peut-être compare-t-on à tort la relation bilatérale à celle d'un vieux couple, séparé mais qui s'aime toujours, avec son lot de mauvais souvenirs et de liens de complicité, dans une alternance de moments de séduction et de rejets, et cela, dès la conquête – quel mot appartient plus que celui-ci au vocabulaire de l'amour[1] ?

---

1. Lucienne Martini, « Amours en abyme. L'image du couple mixte dans quelques romans de la guerre d'Algérie », *in* Anny Dayan Rosenman et Lucette Valensi éds, *La Guerre d'Algérie dans la mémoire et l'imaginaire*, Éditions Bouchène, Saint-Denis, 2004, pp. 277-293.

Et, comme je l'ai entendu un jour dans une métaphore qui voulait se dédouaner de tout paternalisme, peut-être la relation entre Paris et Alger ressemble-t-elle davantage à celle d'un parent avec son adolescent. Alors que ce dernier est dans le rejet irrationnel, dans la surréaction, dans l'exagération face à celui qu'il a admiré mais qu'il a besoin de remettre en question pour s'émanciper, le parent est déstabilisé, ne sachant pas comment réagir pour bien faire alors que le plus efficace serait qu'il se montre ferme sur les principes mais bienveillant.

Dans cette métaphore, la France (le parent) se retrouverait impuissante face à l'Algérie (l'adolescent). Ne plus répondre aux appels et aux notes verbales ou rappeler son ambassadeur pourrait être lu comme des manifestations d'affirmation de soi. La France, selon cette théorie, devrait ne rien céder à ce qui est important pour elle : le respect des droits et se montrer souple sur des sujets importants pour Alger, l'octroi de visas notamment.

Les erreurs de lecture de Paris sur les intentions ou les motivations de son interlocuteur – voir par exemple du conservatisme à l'œuvre dans une décision dictée par la seule mauvaise foi ou le populisme – s'expliquent : les Français n'ont pas vu, ou ont vu très tard, que leurs interlocuteurs algériens avaient changé, qu'ils n'étaient plus dans le même état d'esprit à l'égard de leur ancien colonisateur, qu'ils connaissent la France dans tous ses détails pour suivre depuis des années ses moindres faits et gestes.

Ils ont oublié le passage des générations et l'arrivée d'un personnel algérien différent de celui auquel ils étaient habitués, et avec lequel, malgré les différends, ils pouvaient partager les mêmes codes et parvenir à surmonter les litiges et les désaccords.

L'Algérie vue de France, un pays familier et pourtant si méconnu

« Le pays le plus proche de la France n'est pas la Belgique ou un autre pays européen limitrophe mais l'Algérie. Au point qu'on peut dire "la France c'est l'Algérie et l'Algérie c'est la France" », m'a dit un jour un Algérien pourtant très souverainiste, ce nouvel adjectif à la mode pour décrire l'attachement à la défense des intérêts d'un pays et de son autonomie dans la prise de décision.

Pour se rendre compte de cette proximité, il suffit de regarder un dessin de Dilem, célèbre caricaturiste algérien, où, quand Français et Algériens se parlent, les distances sont soudainement abolies. Chacun s'agite depuis sa rive, d'où il peut entendre l'autre puisque la Méditerranée qui est censée les séparer est réduite à un bras d'eau. Et d'un côté comme de l'autre, la tour Eiffel et le monument des Martyrs (mémorial de quatre-vingt-douze mètres symbolisant trois périodes de l'histoire de l'Algérie, emblème d'Alger) ne semblent séparés que par quelques kilomètres.

Une nuance toutefois : les Algériens connaissent mieux les Français. Les plus de 50 ans, par exemple, suivent encore avec assiduité et passion l'actualité française, les chaînes de télé hexagonales, de l'élection présidentielle au Tour de France en passant par la météo. Au début des années 2000, certains quotidiens francophones publiaient le programme télé du jour des chaînes françaises.

Les actes et les déclarations des politiques français au sujet de l'Algérie ont une résonance bien plus forte en Algérie : en 2012, par exemple, le bras d'honneur de Gérard Longuet, en réaction à une demande des Algériens de reconnaissance franche des crimes perpétrés par le colonialisme français, avait valu à l'ex-ministre de la Défense de se faire traiter de « voyou » dans la presse algérienne. « On a toujours dit que cette droite française était bête et méchante. Elle est colonialiste dans l'âme », avait commenté le porte-parole du FLN, Aïssa Kassa, dans *El Watan Week-end*.

À titre de comparaison, les propos d'El Hachemi Djaâboub, ex-ministre du Travail, passé par l'Industrie et le Commerce, qui avait qualifié la France d'« ennemie traditionnelle et éternelle », n'avaient suscité en France qu'une réaction officielle d'Emmanuel Macron jugeant ce commentaire « inacceptable ».

Les Algériens s'en amusent eux-mêmes. Ils reconnaissent réagir comme si l'Algérie était un sujet central pour Paris. « C'est normal, m'expliquait un jour un ex-cadre de la présidence algérienne. À El Mouradia [le siège de la présidence], on ne regarde pas la BBC ou Al Jazeera. On regarde France 24 et CNews. Et quand Tebboune a lancé sa chaîne d'informations internationales en 2021, il l'a appelée… AL24 News. »

Quasiment tous les foyers algériens sont équipés d'un « démo », petit appareil servant à pirater les chaînes du monde entier, dont les serveurs se trouvent en Chine ou en Russie. Pour que l'utilisateur puisse s'y retrouver, les chaînes sont classées de façon thématique. Rien que pour la France, il existe quatre favoris : France, France Infos, France Sports, France 4K.

Ces mécanismes de consommation des médias déforment la vision que les Algériens ont du monde et créent ce que le sociologue Abdelmalek Sayad[1] appelle une « France idéalisée ». Résultat : dans la presse algérienne, les éditos ne commentent pas la guerre en Ukraine mais la façon dont les médias français parlent de la guerre en Ukraine. Des articles entiers dans les journaux mais aussi des vidéos sur YouTube et TikTok sont consacrés aux sujets de société qui chamboulent la France – les Gilets jaunes, les émeutes dans les banlieues – et au président Macron, « que le peuple français vomit ».

Cet intérêt-obsession s'explique sans doute par le fait que l'Algérie est un sujet à la fois de politique étrangère et de politique intérieure.

L'excès d'affect n'est toutefois pas le propre des Algériens. Les Français se plaignent de ne pas être « aimés » – une question que ne se pose jamais le diplomate d'un autre pays – et feignent de ne pas comprendre la charge émotionnelle qu'ils représentent tout en la reproduisant.

Un spécialiste algérien chargé de décrypter l'actualité pour les entreprises françaises instal-

1. *La Double Absence. Des illusions de l'émigré aux souffrances de l'immigré*, Paris, Le Seuil, 1999, p. 50.

lées en Algérie raconte : « La moitié des sujets ont trait à la relation affective que ces entrepreneurs ont avec leur personnel ou l'administration. “Ma secrétaire m'a dit qu'elle aimait bien la France”, “Nos employés ne veulent pas partir, ils savent qu'au sein de notre entreprise ils sont traités comme ils le seraient en France”… Et tous posent inconsciemment la même question : est-ce que les Algériens nous aiment, nous, Français ? La France n'est pas un pays, c'est un projet. Elle n'exige pas seulement qu'on la considère comme un pays, il faut aussi qu'on adhère à ses valeurs. Et si la France nous choisit, qu'on est oint de l'huile sacrée de la République, on fait partie du club de ceux que la France a pu sauver, c'est-à-dire civiliser. »

Et toujours selon lui, ce paradigme crée de l'aveuglement chez les diplomates français : « On le comprend très vite quand on les entend raconter que si les Algériens déposent autant de demandes de visas pour venir étudier en France, c'est par amour de la France, par amour de la langue française. Quand on n'est pas français, et même quand on est français mais d'origine maghrébine, il faut tout le temps dire à la France qu'on l'aime. »

Comme le chanteur français d'origine algérienne Slimane, choisi pour représenter la France à l'Eurovision en 2024. À Léa Salamé, qui lui demandait avec insistance, sur l'antenne de France Inter, « Pour vous, ça veut dire quoi représenter la France, être ambassadeur de la France, quelles valeurs vous défendez ? », « Pour vous, les valeurs de la France, être français, montrer la France, ça veut dire quoi ? », l'artiste, pour qui représenter la France, c'est aussi « montrer l'amour, le partage », a répondu : « C'est fou, mon grand-père est venu en France d'Algérie pour travailler dans une usine à charbon. Et il est mort à cause de ça. Me dire qu'aujourd'hui son petit-fils va représenter la France avec une chanson qu'il a écrite, qu'il a composée, qui parle de romantisme et d'amour à la française, je trouve ça beau, j'aime cette idée-là. »

Alors que la France se retrouve contestée dans toute l'Afrique francophone, plusieurs analyses font le même constat. « La France n'a pas su accepter que ses anciennes colonies soient désormais indépendantes et les traiter en conséquence », explique l'ex-ambassadeur Gérard Araud[1], témoin d'entretiens entre dirigeants français et africains « dont le ton et le

1. Dans son article « Niger, Mali, Burkina Faso… “Notre politique africaine s'effondre sur nous” », *Le Point*, 01/08/2023, https://www.lepoint.fr/monde/niger-mali-burkina-faso-notre-politique-africaine-s-effondre-sur-nous-01-08-2023-2530261_24.php.

fond prouvaient une connivence chaleureuse, certes fort sympathique mais qui brouillait les cartes et ne procédait pas d'une relation bilatérale normale entre pays indépendants ».

Pour sortir de cet affect excessif, il faut se forcer à rationaliser nos lectures. Le pouvoir politique est un système « opaque » ? Mais s'il est opaque, pourquoi chercher à le comprendre ? Pourquoi ne pas plutôt lutter contre cette Algérie fantasmée, de généraux à moustaches et responsables administratifs en chemise demi-manches, foncièrement répressive et corrompue, essentialisée par commodité, et l'envisager comme un système « complexe », une hétérarchie dont on peut aussi disséquer les agrégations d'acteurs comme dans n'importe quel autre pays.

Les Algériens (on pourrait aussi citer les Maliens, les Sénégalais, les Nigériens…) rejettent la France ? Peut-être que cela n'a rien à voir avec du désamour.

Peut-être que l'objet de leur rejet est cette France déclinante des chaînes d'info en continu. Celle où le pouvoir d'achat rend les fins de mois difficiles. Celle qui s'inquiète pour l'avenir en voyant les gangs saccager ses grandes villes. Celle dont la voix sur la scène internationale devient inaudible.

Aux yeux des Algériens comme des autres Africains, il est impossible que cette France-là puisse avoir de l'influence sur leur personnel politique, des exigences sur les ressources de leur sous-sol (le pétrole ou l'uranium). Cette France-là n'est plus légitime pour leur imposer une monnaie (le franc CFA) ou une base militaire.

Même si ces revendications ne sont le fait que de minorités ou de groupes instrumentalisés par les Russes ou les Turcs, elles sont si fortes qu'il ne sert à rien pour Paris de résister frontalement. La preuve ? Les généraux putschistes nigériens et les manifestations instrumentalisées par ces mêmes généraux ont obtenu gain de cause. Les mille quatre cents soldats français déployés à Niamey et sur deux bases du nord-ouest du pays ont fini par se retirer.

Un problème de casting

Autre preuve que la France a toujours du mal, soixante ans après l'indépendance, à comprendre l'Algérie : ses réseaux. Elle a l'impression qu'elle parle à tout le monde mais en réalité elle ne capte que les Algériens qui lui ressemblent et défendent les mêmes valeurs : les francophones, les bons vivants, les femmes émancipées de la société et de la religion, les militants de la liberté d'expression ou du pluralisme politique, les acteurs économiques vivant entre Paris et Alger, etc. Ce qui limite son champ de compréhension.

Pour le comprendre, il faut se rendre dans les autres ambassades – chez les Américains ou les Britanniques, par exemple –, où se retrouve la même société civile que chez les Français, les arabophones en plus : des étudiantes voilées aux faiseurs d'opinion conservateurs.

La différence dans la façon dont Paris et Washington ont développé leur matrice diplomatique pourrait se résumer ainsi : les Américains défendent d'abord des intérêts (assurer leur propre sécurité et préserver leur influence économique en nouant les alliances nécessaires et en assurant l'accès aux ressources naturelles dont ils ont besoin). Les Français, eux, défendent également des intérêts, mais aussi – et surtout ? – des valeurs qu'ils voudraient universelles.

Le représentant américain à Alger n'a par exemple aucun problème à rendre visite à *L'Expression*, un média pro-pouvoir, et à communiquer sur sa visite sur les réseaux sociaux en vantant « un exemple de diversité des opinions ». Cela n'empêche pas, par ailleurs, le département d'État d'accabler l'Algérie chaque année dans son rapport sur la situation des droits de l'homme et des libertés civiles. En 2022, il égrène par exemple une longue liste de « cas de torture ou peines ou traitements cruels, inhumains ou dégradants infligés par des membres des forces de sécurité », d'« arrestations et détentions arbitraires », de « graves problèmes d'indépendance du pouvoir judiciaire », d'« ingérences illégales dans la vie privée », de « graves restrictions à la liberté d'expression et aux médias, notamment des arrestations et des poursuites injustifiées contre des journalistes, la censure et l'application de lois pénales sur la diffamation pour limiter l'expression », d'« ingérence substantielle dans les libertés de réunion et d'association pacifiques, y compris des lois trop restrictives sur l'organisation, le financement ou le fonctionnement des organisations non gouvernementales et de la société civile », de « sévères restrictions de la liberté religieuse [et] du droit de quitter le pays », etc.

Un « en même temps » que la France manie avec beaucoup plus de difficultés. A-t-on entendu à Paris des voix reprocher aux États-Unis de couvrir le prince héritier saoudien Mohammed ben Salmane après le meurtre de l'opposant Jamal Khashoggi ? Très peu, en tout cas cela n'a pas duré très longtemps. Paris est souvent interpellé : peut-on défendre des idéaux démocratiques en Algérie et en même temps vendre des armes aux Émirats arabes unis[1], qui alimentent la guerre au Yémen, ou à l'Égypte pour soutenir la répression de Sissi contre ses opposants ?

En Algérie, l'ambassadeur français peut inviter à ses cocktails Ahmed Fattani, le patron de *L'Expression*, mais il lui serait difficile, sans être convoqué immédiatement aux Affaires étrangères, de défendre un rapport officiel français dans lequel Mohamed Benhalima témoigne avoir été torturé, battu et abusé sexuellement par les autorités algériennes pendant sa détention.

Après avoir pris part au Hirak en 2019, cet ancien militaire a fui l'Algérie pour rejoindre clandestinement l'Espagne. Sa demande d'asile a été rejetée par Madrid. Arrêté au Portugal, il a ensuite été remis aux autorités espagnoles, qui l'ont à leur tour remis aux Algériens. Condamné par contumace en mars 2021 à dix ans de prison pour « publication de fausses informations », Benhalima s'était retrouvé sous le coup d'un mandat d'arrêt international. Présenté par Amnesty International comme un « lanceur d'alerte » ayant « dénoncé la corruption dans les rangs des haut gradés de l'armée

1. FIDH (Fédération internationale pour les droits humains), « Ventes d'armes : France et Émirats arabes unis, partenaires dans les crimes commis au Yémen ? », 14 décembre 2021.

algérienne », il était soupçonné par Madrid d'association présumée avec Rachad, mouvement rassemblant des opposants algériens en exil, en particulier des ex-cadres du Front islamique du salut (FIS), dissous en 1992 et à l'origine de l'insurrection qui a plongé l'Algérie dans dix années de guerre civile.

En Algérie, sur la question spécifique des droits de l'homme, matière hautement inflammable, la position de la France a eu des conséquences. Au fil des années, elle a donné l'impression que Paris défendait un statu quo. Dans les faits, la France a petit à petit abandonné l'idée de s'exprimer publiquement sur les droits de l'homme. Cette politique est-elle payante ? Les journalistes et les militants des droits savent qu'il n'y a plus rien à attendre de la France officielle ; qu'aujourd'hui, même quand elle ne dit rien, elle a tort.

En mai 2023, l'agence de presse officielle algérienne, l'APS, a accusé les députés du groupe Renaissance (parti d'Emmanuel Macron), qui n'avaient rien à voir dans l'histoire, d'être à l'origine d'une résolution adoptée par le Parlement de l'Union européenne appelant l'Algérie à « libérer le journaliste Ihsane El Kadi et toutes les personnes détenues arbitrairement » en dénonçant « les atteintes aux libertés dans le pays ». En France, le Parlement et le Sénat se sont emportés, chacun dans un communiqué, contre « une immixtion éhontée du Parlement européen dans les affaires internes » de l'Algérie.

Pour les services de renseignement qui surveillent l'ambassade de France, Ihsane El Kadi incarne cette classe d'opposants que la France « fréquente et actionne en vue de déstabiliser l'Algérie ». C'est le message qu'il faut entendre quand ils reprochent à la chancellerie d'« inviter toujours les mêmes personnes », ce qui est aussi pour eux une source d'étonnement au regard de la diversité des départements (la Mission économique, la Chambre de commerce et d'industrie et ses conseillers du commerce extérieur, les Instituts français, etc.) ouverts en Algérie.

Déstabiliser l'Algérie ne fait clairement pas partie des plans de Paris, qui a d'autres priorités. En revanche, ils n'ont pas tort quand ils dressent le profil des personnes invitées aux réceptions privées et aux événements officiels. Si ce sont « toujours les mêmes personnes », c'est qu'elles partagent un point commun : elles sont toutes favorables à la France.

Plusieurs années après son arrivée en France, l'écrivaine marocaine Leïla Slimani a raconté[1]

1. Dans *Le Parfum des fleurs la nuit*, Paris, Stock, 2021.

avoir découvert qu'elle était « l'Arabe comme l'aiment [les Français] » : « Une Arabe qui mange du porc et boit de l'alcool, une femme émancipée et pas inquiétante, plus attachée encore que les Français eux-mêmes aux idées de laïcité et d'universalité. » Bien des Algériens pourraient en dire autant.

Lorsque la liste de la délégation qui devait accompagner le président Macron à Alger, en août 2022, a commencé à circuler, des officiels algériens se sont désolés que la France « n'ait toujours pas compris », qu'elle continue à s'afficher avec des relais de l'ère Bouteflika – des personnalités du monde des affaires et des médias –, « ceux contre lesquels le système est encore en train de se battre et qui freinent ses réformes internes ».

Pour ne rien arranger, l'ambiguïté de la relation bilatérale, aggravée par la perte de nombreux canaux de communication officiels aux Affaires étrangères, dans l'administration, les ministères, a constitué un terreau fertile pour les interlocuteurs informels. Ces consultants, avocats, intermédiaires influents dans les milieux d'affaires et les réseaux politiques franco-algériens poursuivent leurs intérêts personnels (économiques ou idéologiques), cachés ou non, avant de défendre un axe Paris-Alger fort, ce qui biaise parfois leurs analyses.

Lors de l'élection présidentielle de 2019, certains ont par exemple pronostiqué qu'Azzedine Mihoubi remporterait la course. L'ex-ministre de la Culture – ex-directeur de la radio publique et ministre d'Abdelaziz Bouteflika jusqu'à avril 2019, président du Rassemblement national démocratique (RND, parti du pouvoir sous Bouteflika) – était en quelques semaines apparu comme un potentiel rival d'Abdelmadjid Tebboune. Alors qu'il était soutenu par les deux principaux partis de l'Alliance présidentielle (le FLN avait même lâché Abdelmadjid Tebboune), il n'obtiendra finalement que 7,26 % des voix. Mais certains réseaux ont cru – ou voulu croire – en sa victoire et ont poussé le scénario dans plusieurs chancelleries européennes.

Ces réseaux ont toujours existé. Les réseaux Pasqua, ceux des Juifs pieds-noirs, ou ceux des Franco-Algériens impliqués dans la guerre de libération – mobilisables à tout moment pour défendre les intérêts de la France mais aussi de l'Algérie, comme dans le cas de la lutte contre le terrorisme –, avaient aux yeux des Algériens de la légitimité, y compris dans les circuits du renseignement.

Il n'est pas rare d'entendre encore aujourd'hui des politiques ou d'anciens militaires parler d'Yves Bonnet, ex-directeur du contre-espionnage français (DST) et ex-président du groupe d'amitié France-Algérie au Parlement, comme d'un homme en qui « ils avaient confiance ». Pendant les années 1990, alors que l'Algérie était isolée sur la scène internationale, il avait entretenu avec l'armée et les services de renseignement des liens très étroits, en particulier avec le général-major Smaïn Lamari, ancien patron du contre-espionnage et de la lutte contre le terrorisme.

Jean-Pierre Chevènement, qui fut préfet d'Oran par intérim au moment des massacres des pieds-noirs et des Algériens pro-français à Oran le 5 juillet 1962, et dénonça la torture pratiquée par certains éléments de l'armée française, fait aussi partie des personnalités appréciées par Alger. Tout comme Hervé Bourges, l'ex-directeur du CSA (il fut également porte-parole de l'Unesco et directeur de RFI puis de TF1), qui milita pour l'indépendance de l'Algérie, ou encore Prosper Messaoud Amouyal, dont l'ancrage historique et personnel en tant que membre d'une grande famille juive algérienne légitime explique en partie le statut d'intermédiaire discret entre la France et l'Algérie.

Ces relais se sont délités avec le temps – la plupart sont décédés – et ont été remplacés par une nouvelle génération aux traits très différents. Dans le même temps, le profil des diplomates français envoyés à Alger a aussi évolué : à des personnalités politiques ont succédé des fonctionnaires. « Les États sont devenus plus regardants sur ce qu'ils font, sous la pression des médias et des réseaux sociaux », note un ex-cadre du renseignement algérien un peu nostalgique de l'époque « où les barbouzeries étaient encore possibles sans que personne ait à rendre de compte tant que les objectifs étaient atteints ». Il ajoute : « Et surtout, ces nouveaux relais n'ont, avec l'Algérie, pas la même histoire que les anciens, qui, par leurs positions, leurs actions, leur influence, avaient du poids. »

Dans les cercles francophiles algérois, les Algériens ont d'ailleurs l'habitude de plaisanter sur le sujet en résumant l'absence d'interlocuteurs d'envergure : « On est dans la m****, il ne nous reste plus que Yamina Benguigui et Alexandre Arcady. »

Derrière la raillerie, la réalité n'en est pas moins cruelle : quand la communication entre canaux officiels déraille, Paris comme Alger, en raison de la complexité de la relation bilatérale, n'ont pas d'autre choix que d'avoir recours à des réseaux parallèles, aujourd'hui défaillants.

La France face à son passé algérien, le piège mémoriel

De tous les combustibles dont se servent les Algériens pour faire tourner la machine du populisme – la langue française, l'intervention française au Mali… – il y en a un bon marché et peu énergivore : le sujet mémoriel. En particulier depuis les années 2000, et surtout depuis l'arrivée d'Emmanuel Macron à l'Élysée.

Au détour des années 2000, avec le reflux des violences de la décennie noire, l'Algérie a connu, notamment au plan éditorial, un regain d'intérêt pour l'histoire du pays, comme s'il y avait eu une libération de la parole. Les librairies ont été submergées de biographies, d'histoires sur le MALG (ancêtre des services secrets), d'autobiographies de moudjahidine (les anciens combattants du FLN), par ailleurs des succès de librairie. En même temps, le traumatisme des années 1990 a soulevé des questionnements sur les raisons d'une telle violence : était-ce dû à l'ouverture démocratique de 1989, aux années 1970, à Houari Boumédiène… ?

Petit à petit, l'inconscient collectif est remonté jusqu'aux années 1960 : certains Algériens se sont dit que s'ils avaient été aspirés aussi facilement et aussi rapidement dans la spirale de la violence les uns contre les autres, c'est peut-être parce que la guerre de libération n'avait pas tout réglé. « Sinon, l'indépendance n'aurait pas abouti à un conflit interne [dès juillet-août 1962, des affrontements ont éclaté entre l'armée des frontières et les moudjahidine de l'intérieur]. Elle n'aurait pas amené à une prise de pouvoir autoritaire d'Ahmed Ben Bella, soutenu par l'armée, à la concentration des pouvoirs autour des figures de Ben Bella puis Boumédiène, à l'exclusion de tous les autres courants nationalistes, au profit du FLN, à l'exclusion de toutes les forces libérales bourgeoises, au déni de la multiculturalité de la société, énumère un ancien haut cadre de l'État. Dans une certaine mesure et de façon souvent inconsciente, le rêve d'une Algérie post-indépendance, démocrate, ouverte sur toutes ses composantes politiques, ethniques, a été, dans la pensée populaire algérienne, gâché par la mainmise du FLN et de l'état-major de l'armée dans une sorte de contre-projet de l'idéal révolutionnaire. En 1963, le FFS, premier parti d'opposition, a quand même monté un maquis armé pour contester la prise de pouvoir par l'armée… »

Le fait que l'État algérien ait du mal à verbaliser ce qui le définit est peut-être révélateur. Demain, si l'on demandait à l'État égyptien ce qu'il est, il pourrait répondre : je suis une force arabe, un grand pôle géostratégique militaire, politique et économique. Si l'on demande à l'État algérien : et toi, qu'es-tu ? Le portail de l'Afrique ? Non. Un champion de la Méditerranée ? Non. Une puissance industrielle régionale ? Non. Une force politique régionale ? À peine. Il tente parfois de se définir comme l'émanation des royaumes numides, mais de manière très anecdotique, de crainte de trop pousser le curseur vers la Numidie et de passer pour berbériste. Prisonnier de l'image d'une Algérie combattante, il pourra juste dire : je suis un pays anti colonialisme français, je me suis uniquement construit sur une guerre d'indépendance. La quasi-majorité de mes rues portent les noms des martyrs de la révolution et ma matrice politique s'appelle encore le Front de libération nationale.

Ce tournant des années 2000 coïncide avec le fait qu'en France, comme le rappelle Benjamin Stora dans le rapport[1] remis à Emmanuel Macron en 2021, quelque chose est en train de changer : « Une accélération mémorielle se produit. »

1. « Les questions mémorielles portant sur la colonisation et la guerre d'Algérie », 20 janvier 2022, https://www.elysee.fr/admin/upload/default/0001/09/0586b6b0ef1c2fc-2540589c6d56a1ae63a65d97c.pdf.

« La France connaît un accroissement considérable du nombre de travaux, publications, films de fiction et documentaires, expositions autour de la guerre d'Algérie », écrit-il. Jacques Floch, secrétaire d'État aux Anciens Combattants, envisage de promouvoir un mémorial, à Paris, des soldats tués en Algérie. Lionel Jospin, alors Premier ministre, apporte son soutien à un appel lancé par des intellectuels, publié le 31 octobre 2000 par *L'Humanité*, pour que la France « condamne la torture qui a été entreprise en son nom durant la guerre d'Algérie ». Le maire de Paris, Bertrand Delanoë, dépose une plaque, le 17 octobre 2001, sur le pont Saint-Michel, à la mémoire des Algériens tués quarante ans auparavant par la police française.

« Le 10 juin 1999, l'Assemblée nationale française reconnaissait le terme de “guerre d'Algérie” pour caractériser cette période de l'histoire. La France s'est enfin décidée à parler de “guerre”, note Benjamin Stora dans son rapport. Près de quarante ans après la conclusion de celle-ci, l'exigence de reconnaissance est devenue trop forte dans la société française pour que les euphémismes puissent persister. L'aspect traumatique de ce conflit avec tout ce qui touche au domaine des mémoires a traversé l'ensemble des générations. Le fait de reconnaître cette guerre ouvre une nouvelle période difficile à traiter, et aux conséquences incalculables. Se confrontent encore les réclamations des soldats, des harkis, des “pieds-noirs”, mais aussi des Algériens, de tous les protagonistes et de toutes les victimes de cette tragédie aux effets encore sensibles. »

Jacques Chirac est au pouvoir et il est le premier à « soulever le couvercle de la mémoire ». En juillet 2005, à Madagascar, il évoque « le caractère inacceptable des répressions engendrées par les dérives du système colonial ». Nicolas Sarkozy le suivra, à Constantine en 2007, en qualifiant le système colonial d'« injuste par nature », après avoir précisé, alors qu'il était candidat à la présidence de la République, que « les atrocités doivent être condamnées », mais que « la France ne peut pas se repentir d'avoir conduit cette guerre ».

En 2012 à Alger, François Hollande dénoncera aussi « un système profondément injuste et brutal ». Mais cette succession de discours « n'a pour autant pas pénétré le cœur de la société française », dont il est communément admis que 10 % selon l'historien Benjamin Stora, et jusqu'à 12 % selon Georges Morin, le président de l'association culturelle franco-maghrébine Coup de soleil, ont encore un lien avec la guerre d'Algérie (pieds-noirs, harkis, militaires français toujours en vie, pieds-rouges…).

Les présidents français n'ont pas non plus contribué à apaiser les choses avec l'Algérie. Ils ont contribué à transférer sur le terrain algérien un problème français.

Lorsqu'en juin 2000 Abdelaziz Bouteflika prend la parole devant le Parlement français à l'occasion de sa visite d'État, il s'empare d'un sujet d'actualité en appelant les Français à sortir « des oubliettes du non-dit la guerre d'Algérie, en la désignant par son nom ». L'année précédente, le 10 juin 1999, l'Assemblée nationale avait justement adopté une proposition de loi reconnaissant officiellement la « guerre » d'Algérie, cette « guerre sans nom[1] » que les autorités préféraient nommer « les événements d'Algérie », « les actions de maintien de l'ordre », « les opérations en Afrique du Nord » ou « la pacification ».

Depuis, les Algériens se servent du sujet comme un ressort bien pratique pour la consommation interne alors que, pendant longtemps, ils n'avaient jamais réclamé d'excuses – et pour cause, ils avaient gagné la guerre.

---

1. Bertrand Tavernier, *La Guerre sans nom*, 1992, GMT Production.

La relation entre Abdelaziz Bouteflika et Jacques Chirac avait globalement bien commencé. Le chef d'État français, qui avait connu l'Algérie en 1956 en tant que jeune sous-lieutenant du 6e régiment de chasseurs d'Afrique, avait proposé « une nouvelle alliance algéro-française » dans le cadre d'un traité d'amitié. Les Algériens retenaient surtout de lui qu'il avait refusé d'engager la France dans la guerre en Irak aux côtés des Américains, ce qui lui avait valu, en mars 2003 à Alger, un bain de foule sous les acclamations. Ce voyage avait été l'occasion de rendre à son homologue le sceau du dey d'Alger, que celui-ci avait remis en 1830 aux autorités françaises, signant ainsi le début de la colonisation. « Après l'indépendance, des hommes de vision ont montré le seul chemin, celui de la réconciliation, du développement, de l'avenir », avait déclaré Jacques Chirac devant le Parlement algérien, en assurant que « le temps de l'indépendance ne fut jamais celui de la rupture ».

Mais, trois ans plus tard, l'article 4 de la loi du 23 février 2005, sur « la reconnaissance dans les programmes scolaires du rôle positif de la présence française outre-mer, notamment en Afrique du Nord », provoqua une crise. À la suite d'une pétition lancée par des historiens, chercheurs et enseignants français contre cette loi, l'article sera déclassé le 31 janvier 2006. Le Conseil constitutionnel argumenta que le contenu des programmes scolaires ne relève pas des principes fondamentaux que l'article 34 de la Constitution attribue au domaine de la loi. La disposition incriminée a été définitivement abrogée par un décret du 15 février 2006. Mais en Algérie, le traumatisme fut durable. Le président Bouteflika qualifiera cette loi de « cécité mentale, confinant au négationnisme et au révisionnisme ».

Abdelaziz Bouteflika exigera que la France présente « des excuses officielles », qu'il y ait « une reconnaissance objective et assumée des faits », un mantra qu'il reprendra tant que son état de santé le permettra, suscitant dans son orbite toujours plus de réactions extrêmes de la part de relais zélés du pouvoir, tout spécialement à l'approche de chaque 1er novembre, date marquant l'anniversaire du déclenchement de la guerre d'indépendance, ou de chaque visite présidentielle, de la part des ministres des Moudjahidine qui se sont succédé (Saïd Abadou, Mohamed Cherif Abbes, Tayeb Zitouni).

En 2010, Moussa Abdi, un député du FLN, avait déposé une proposition de loi « criminalisant le colonialisme français », proposant la création de tribunaux spéciaux pour juger les responsables de crimes coloniaux, ou les poursuivre devant les tribunaux internationaux. Cette loi n'a jamais dépassé le stade de projet, recalée par le politique avant même d'être examinée par le bureau de l'Assemblée nationale. Abdelaziz Bouteflika n'en voulait pas. À l'époque, un journal d'opposition, *Le Matin*, avait expliqué que le président algérien souhaitait « amadouer » Paris pour se faire inviter par l'Élysée. En réalité, selon des sources proches de la présidence, le président Bouteflika ne voyait pas l'intérêt d'un tel texte. Ce projet de loi « n'avait pas d'autre but que de provoquer gratuitement Paris ». Il n'avait pas non plus « de mise en application raisonnable » : qu'aurait pu demander l'Algérie ? Des poursuites contre tous les pieds-noirs de retour en Algérie ?

Les partisans de ce texte sont plusieurs fois revenus à la charge. En mars 2012, à l'occasion du cinquantième anniversaire des accords d'Évian, qui ont signé la fin de la guerre avec la France, Saïd Abadou, secrétaire général de l'Organisation nationale des moudjahidine (ONM), a à nouveau appelé le Parlement à adopter cette loi, à ses yeux « une réponse à la loi glorifiant le colonialisme adoptée par le Parlement français en 2005 ».

En octobre 2021, la crise provoquée par les propos d'Emmanuel Macron sur le système politico-militaire algérien fait encore ressortir le projet. Une centaine de parlementaires tentent de déposer le texte au Parlement, à l'initiative du MSP (islamistes), prévoyant une peine allant de six mois à deux ans de prison « pour tout Algérien qui glorifierait le colonialisme français par quelque moyen d'expression que ce soit ».

Par son acharnement à faire de la mémoire un thème central de la réconciliation, le président Macron a amplifié ce phénomène. Il n'est pourtant pas le premier à parler de « réconciliation des mémoires ». Avant lui, François Hollande avait introduit pour la première fois le concept lors du discours du 19 mars 2016 devant le Mémorial de la guerre d'Algérie du quai Branly : « La grandeur d'un pays, c'est d'être capable de réconcilier toutes les mémoires et de les reconnaître. »

Concrétiser une réconciliation des différentes communautés mémorielles – pieds-noirs, harkis, etc. – est un enjeu pour lui sur la scène intérieure française, mais instrumentaliser l'histoire à des fins politiques – pire, pour la mettre au service de la diplomatie – peut se révéler extrêmement dangereux.

En faisant cela, il engage les autorités algériennes dans un process trop lourd pour elles.

Il ne se rend pas compte que les Algériens, vu les conditions dans lesquelles les universitaires travaillent, ne peuvent pas accompagner ce travail de réconciliation.

En mars 2021, plusieurs historiens parmi les plus connus, dont Mohamed El Korso, Daho Djerbal ou Amar Mohand-Amer, ont signé une lettre ouverte au président Tebboune pour lui demander d'« ouvrir les archives nationales ». Ils exigeaient l'application de la loi régissant les Archives nationales, la loi 88-09 du 26 janvier 1988, rédigée à un moment où la question des archives était au cœur de la volonté de créer un État moderne.

Cette loi explique par exemple que les archives publiques sont « librement et gratuitement communicables vingt-cinq ans après leur production », avec des délais plus longs dans certains cas, et précise que ces mêmes archives publiques, qui, par leur nature, doivent être portées à la connaissance du public, sont communicables sans limitation de délai. Plus de deux ans plus tard, les archives restent fermées. « Nous sommes, aujourd'hui, dans une sorte de schizophrénie. On demande aux Français de nous donner des archives qui leur appartiennent et on ferme les portes des archives en Algérie. Ce n'est pas normal », s'était agacé à l'époque Amar Mohand-Amer.

Dans leur lettre, ils demandaient aussi la levée de toutes les entraves bureaucratiques « qui viennent à bout des chercheurs les plus opiniâtres » en citant deux points importants : le droit d'accéder au contenu des dossiers qui leur sont communiqués sous forme de feuillets, et celui de reproduire les fonds communicables, par exemple à l'aide d'une… photocopieuse, comme cela a cours ailleurs dans le monde.

En 2020, à la demande d'Abdelmadjid Tebboune, une chaîne de télé, « La Mémoire », dédiée à l'histoire de l'Algérie, avait été lancée. Mais trois ans plus tard elle est une sorte de coquille vide. En raison de la ligne éditoriale imposée par les autorités, dont on imagine les lignes rouges sur les questions liées entre autres aux Juifs, aux harkis ou aux pieds-noirs, très peu d'universitaires acceptent de venir y parler d'histoire.

Un incident, survenu en décembre 2023, montre combien le chemin à parcourir est encore long pour ceux qui veulent écrire l'Histoire. À Alger-Centre, les autorités ont apposé de nouvelles plaques historiques devant l'ex-brasserie Otomatic. Le 27 janvier 1957, trois bombes avaient explosé simultanément à Alger, dans trois brasseries du centre-ville fréquentées par des Français, faisant quatre morts. L'événement provoqua la colère de Zahia Khalfallah, la moudjahida (ancienne combattante) algérienne qui avait déposé la bombe à l'Otomatic ce jour-là, et qui accusait les autorités d'avoir déformé les faits. Contrairement à ce qui était écrit sur la plaque, dénonça-t-elle, la bombe n'avait pas été déposée sur un siège d'une salle attenante mais sur une chasse d'eau des toilettes. Plus offensant encore à ses yeux, la plaque attribuait l'attentat à un révolutionnaire, alors qu'elle avait été reconnue coupable et condamnée à mort par la France. « Attendez au moins que je quitte ce bas monde pour falsifier l'histoire ! » s'est exclamée la moudjahida.

À la faveur de la publication du rapport sur la colonisation et la guerre d'Algérie rédigé par Benjamin Stora à la demande d'Emmanuel Macron, et des recommandations préconisées pour déminer la mémoire algéro-française, les historiens algériens avaient espéré que les archives seraient déverrouillées. C'est d'ailleurs dans ce contexte que leur lettre ouverte avait été publiée.

Mais ce rapport n'a suscité aucune réaction officielle à Alger. Pas plus que l'annonce de facilitations dans l'accès aux archives en mars 2021 et de l'extension des consultations aux dossiers impliquant des mineurs en août 2023. L'un des principaux obstacles à la déclassification des archives était, jusqu'alors, l'exclusion des dossiers impliquant des mineurs – les moins de 21 ans, en raison de la législation de l'époque –, toujours soumis au délai de classification de cent ans.

L'Algérie est restée silencieuse quand Emmanuel Macron a reconnu que l'avocat et dirigeant nationaliste Ali Boumendjel avait été torturé et assassiné par l'armée française. En mars 2021, le président français a lui-même annoncé cette reconnaissance aux petits-enfants d'Ali Boumendjel en les recevant. Le combattant nationaliste fut arrêté par l'armée française, placé au secret, torturé, puis assassiné le 23 mars 1957. En 2000, Paul Aussaresses, ancien responsable des services de renseignement à Alger, avoua avoir ordonné à l'un de ses subordonnés de le tuer et de maquiller le crime en suicide.

Alger n'a rien dit non plus quand Emmanuel Macron s'est recueilli aux côtés des familles des victimes du massacre du 17 octobre 1961 sur les berges de la Seine. Une cérémonie avait été organisée sur le pont de Bezons en octobre 2021, emprunté il y a soixante ans par les manifestants algériens qui arrivaient du bidonville voisin de Nanterre à l'appel de la branche du FLN installée en France.

Emmanuel Macron est pourtant le premier président français à s'y rendre, et les mots utilisés par l'Élysée ont, côté français, soulevé des questions. « Des tirs à balles réelles se sont produits à cet endroit et des corps ont été repêchés dans la Seine », était-il précisé pour expliquer le choix de ce lieu de commémoration de la répression, qui a fait selon les historiens au moins plusieurs dizaines de morts.

« Les crimes commis cette nuit-là sous l'autorité de Maurice Papon sont inexcusables pour la République », avait aussi déclaré l'Élysée, mais sans avoir consulté d'historiens et en éludant la responsabilité de l'institution policière[1]. Le 28 mars 2024, le chef de l'État réussira à faire adopter par le Parlement une proposition de résolution condamnant « la répression sanglante et meurtrière des Algériens commise sous l'autorité du préfet de police Maurice Papon le 17 octobre 1961 ».

L'Algérie peut-elle réussir à faire en cinq ans ce qu'elle n'a pas réussi à faire en soixante ans ? Pourquoi pas. Mais cela se fera sans El Mouradia et sans l'Élysée. D'abord parce que si les présidents peuvent insuffler

---

1. *L'Algérie de Macron, les impasses d'une politique mémorielle*, Presses Universitaires de France, 2024, p. 190.

une politique d'ouverture, ce ne sont pas eux qui vont écrire l'histoire, mais les historiens, les écrivains, et surtout les imaginaires.

Ensuite, parce que Emmanuel Macron conditionne la relation bilatérale à une question qui ne se réglera jamais. La segmentation, en plusieurs temps, des reconnaissances et des actes symboliques, aussi forts soient-ils, tend à s'assimiler au tonneau des Danaïdes tant la course aux équilibrages entre communautés mémorielles pour reconnaître la douleur peut s'éterniser.

Avant de reconnaître la responsabilité de la France dans la mort d'Ali Boumendjel, Emmanuel Macron avait, en 2018, désigné l'armée française comme responsable de la torture et de l'assassinat de Maurice Audin. Le 11 juin 1957, le militant communiste français engagé en faveur de l'indépendance algérienne, alors âgé de 25 ans, mathématicien et assistant à l'université d'Alger, fut arrêté à son domicile par des parachutistes. Soupçonné d'héberger des membres de la cellule armée du Parti communiste algérien, il fut torturé à plusieurs reprises dans une villa d'El Biar, ce quartier d'Alger où les expatriés d'aujourd'hui aiment à se retrouver en fin de journée, un verre à la main. Dix jours plus tard, Josette Audin, son épouse, apprendrait officiellement que son mari s'était évadé lors d'un transfert. Cela restera la version officielle, jusqu'au 18 juin 2014. « Les documents et les témoignages dont nous disposons aujourd'hui sont suffisamment nombreux et concordants pour infirmer la thèse de l'évasion qui avait été avancée à l'époque. M. Audin ne s'est pas évadé. Il est mort durant sa détention », avait affirmé François Hollande, sans toutefois évoquer ni la torture ni la responsabilité de l'armée française.

Le risque est d'inscrire tous ces gestes dans une sorte de tableau comptable des pathos que l'on tente de remplir, date anniversaire après date anniversaire. S'ils sont importants et favorisent par ailleurs un débat moins décomplexé sur les grandes questions mémorielles, ils portent en eux le risque d'une poursuite sans fin de la concurrence mémorielle, d'une course entre ceux qui estiment avoir plus souffert que les autres.

La solution ? Peut-être considérer que les deux bords sont des victimes. Cesser de confronter les uns aux autres, et les pousser à regarder dans la même direction : la douleur du pied-noir qu'on arrache à sa terre natale et celle du paysan algérien qu'on expulse de sa terre ne devraient pas s'affronter ; ces deux douleurs ne sont qu'une, provoquée par un système politico-administratif qui a foulé aux pieds les principes républicains universalistes.

Le duo Tebboune-Macron, une occasion ratée ?

Sur le papier, le casting était parfait. Emmanuel Macron, né bien après 1962, n'a avec l'Algérie aucun lien (et pas plus son père, né en 1950) – ce fameux « lien », dénominateur commun aux pieds-noirs, aux appelés et aux militaires, aux harkis, aux Juifs d'Algérie, aux immigrés et à leur descendance.

Abdelmadjid Tebboune est né en 1945 dans une famille nationaliste (son père appartient à l'organisation des oulémas musulmans et, à ce titre, a eu des problèmes avec l'autorité coloniale), mais ce n'est pas un moudjahid. Au moment de l'indépendance, il n'a pas encore 17 ans. Il n'a en tout cas aucun problème avec la France. Il la comprend, maîtrise parfaitement le français et se sent proche de son modèle culturel (il part en vacances en Europe, pas dans les pays du Golfe).

À titre personnel, les deux chefs d'État ont aussi en commun de savoir ce qu'est l'exercice du pouvoir et d'être plus à l'aise avec les « discours de vérité » qu'avec les contorsions diplomatiques, et assument les dérapages de leur franc-parler. Il se dit à Paris qu'Emmanuel Macron serait aussi plus enclin à préférer la compagnie de son homologue algérien, volubile, prompt à raconter mille anecdotes publiques et diplomatiques, à celle de Mohammed VI, beaucoup moins drôle. Cette affinité explique que lors de la visite du président français à Alger, en août 2022, les deux hommes aient discuté jusqu'au milieu de la nuit.

Enfin, Emmanuel Macron est persuadé qu'un « trauma » Algérie continue de suppurer dans la société française et dans l'État. À bord de l'avion présidentiel qui revient d'Israël le 23 janvier 2020[1], il range la guerre d'Algérie parmi les problèmes auxquels est confrontée la France, avec le communautarisme ou le séparatisme : « Je suis très lucide sur les défis que j'ai devant moi d'un point de vue mémoriel et qui sont politiques. La guerre d'Algérie, sans doute, est le plus dramatique d'entre eux. [...] Je le sais depuis ma campagne. »

Sur le papier, donc, rien ne s'oppose à cette réconciliation historique dont rêve Emmanuel Macron, d'une photo qui resterait à jamais dans l'histoire comme celle de François Mitterrand et de Helmut Kohl se tenant la main devant

1. Voir Arthur Berdah, « Islam, identité, communautarisme… Les confidences de Macron au retour d'Israël », *Le Figaro*, 24/01/2020, https://www.lefigaro.fr/politique/islam-identite-communautarisme-les-confidences-de-macron-au-retour-d-israel-20200124.

l'ossuaire de Douaumont, un des gestes les plus symboliques de la réconciliation franco-allemande. La fragilité de cette réconciliation, rendue possible par trente ans de coopération, dès lors qu'apparaît l'ombre d'une divergence, donne une idée du chemin qu'il reste à parcourir pour une réconciliation franco-algérienne.

Mais l'Histoire retiendra surtout que l'alchimie n'a pas pu rejaillir sur la relation bilatérale, les deux présidents ayant été pris en otages par leur environnement. Même si la visite d'État en France du président Tebboune venait à se faire – après un feuilleton de plusieurs mois sur un événement « annoncé », puis « reporté », puis « maintenu », qui en dit long sur cette relation –, il ne se fera pas en trois ans ce qui ne s'est pas fait en quatre. Et même déconnectée des contingences temporelles immédiates, une réconciliation constructive est structurellement hypothéquée par le dialogue de sourds qui a commencé dès l'élection d'Abdelmadjid Tebboune.

Nous sommes le 12 décembre 2019, les résultats du vote donnent un nouveau président à l'Algérie, déclaré vainqueur du premier tour avec 58,15 % des voix. Le taux de participation officiel, de 39,83 %, est le plus faible de toutes les présidentielles pluralistes de l'histoire du pays, inférieur même de dix points à celle de 2014, qui avait vu la victoire d'Abdelaziz Bouteflika. Les Algériens, habitués à bouder les échéances électorales, ont aussi, cette fois-ci, en partie boycotté la présidentielle. Le Hirak, qui, après avoir obtenu le départ du président Bouteflika en avril, réclame le départ de « tout le système », a massivement manifesté à Alger, où les contestataires ont été réprimés. Leurs slogans : « *Makach l'vte !* » (« il n'y a pas de vote ») et « Le peuple veut son indépendance ! ». En Kabylie, la journée de scrutin a même été émaillée de sérieux incidents (urnes volées, bureaux saccagés, destruction de listes électorales) qui ont provoqué la suspension de l'opération de vote à Tizi Ouzou et à Bouira, deux grandes villes de la région.

Le lendemain du vote, le 13 décembre, les manifestants sortent, très nombreux, pour conspuer le nouveau chef d'État à peine élu, par les slogans « Tebboune, ton mandat est un mandat mort-né » ou « Votre président ne me représente pas ». Emmanuel Macron, au lieu de réagir par les traditionnelles félicitations, déclare : « Je prends note », en insistant : « Je souhaite simplement que [les] aspirations exprimées par le peuple algérien trouvent une réponse dans le dialogue qui doit s'ouvrir entre les autorités et la population. » À Alger, Abdelmadjid Tebboune commente :

« Le président français, je ne lui réponds pas », sous les applaudissements des journalistes et de l'assistance. « Il est libre de faire croire aux Français ce qu'il veut dans son pays, mais moi, j'ai été élu par le peuple algérien, et je ne reconnais que le peuple algérien. »

En s'inscrivant dans le récit développé par les autorités, notamment militaires, ciblant une implication de la France dans un « complot » pour sauver la Issaba (littéralement « le gang », terme inventé par l'ex-chef d'état-major Ahmed Gaïd Salah et désignant les hommes d'affaires et les hommes politiques proches d'Abdelaziz Bouteflika) et stigmatisant la Kabylie, présentée à tort par la propagande comme dernier rempart des intérêts français en Algérie, le nouveau président faisait un choix risqué, celui du populisme, pour préserver les forces internes au système.

À partir de 2019, une routine s'installa pour l'ambassadeur de France et son homologue, qui reprenaient régulièrement la route de leur ministère dès qu'Alger se braquait.

Mai 2020. Alger rappelle son ambassadeur pour « consultation » afin de protester contre la diffusion par France 5 et La Chaîne parlementaire (LCP) de reportages sur le Hirak. « Le caractère récurrent de programmes diffusés par des chaînes de télévision publiques françaises, en apparence spontanés et sous le prétexte de la liberté d'expression, sont en fait des attaques contre le peuple algérien et ses institutions », dont l'armée, a estimé le ministère algérien des Affaires étrangères en dénonçant « les intentions malveillantes de certains milieux qui ne souhaitent pas l'avènement de relations apaisées entre l'Algérie et la France ». Par « certains milieux », les autorités entendent généralement les cercles de l'extrême droite française, les « nostalgiques » de l'Algérie française, en passant par des « réseaux d'influence marocains » en France.

Avril 2020. Xavier Driencourt, l'ambassadeur de France à Alger, est convoqué aux Affaires étrangères algériennes après les propos tenus par Francis Ghilès sur France 24. Le chercheur au Centre de relations internationales à Barcelone y accusait les autorités algériennes d'avoir détourné l'aide médicale des Chinois au profit de l'hôpital militaire d'Ain Naâdja (à Alger) et des officiers supérieurs qui y sont soignés. Il sera à nouveau convoqué quelques jours plus tard, cette fois pour un tweet de l'état-major français des armées. Sur une photo apparaissait un légionnaire français en train de clouer des plaques représentant différentes destinations géographiques dont l'Ukraine, Bayonne et l'Algérie, accompagnées de l'expression « On garde le cap ! ». Sur la plaque représentant l'Algérie, la mention *Tizi Ouzou*, le drapeau berbère et le terme *Bylka* (kabyle en verlan) figuraient aux côtés du drapeau officiel. L'état-major n'avait sans doute pas mesuré la sensibilité des Algériens sur les questions identitaires, tout soutien affiché aux revendications indépendantistes kabyles étant perçu comme une agression.

Souvent, un coup de fil entre les deux présidents suffit à remettre les choses dans l'ordre. Abdelmadjid Tebboune l'a dit[1] sans détour : « Si nous n'arrivons pas à jeter des passerelles solides entre les deux pays sous la présidence Macron, cela ne se fera jamais, et nos pays garderont toujours une haine mutuelle. »

Avec la restitution des restes de vingt-quatre résistants algériens à la colonisation française, en juillet 2020, les choses s'arrangeront nettement, avant… de se détériorer l'année suivante. D'abord, on l'a dit plus haut, avec la publication dans *Le Monde* des propos tenus par le président français lors d'une rencontre avec de

1. Voir Kamel Daoud et Adlène Meddi, « Abdelmadjid Tebboune : "L'islamisme en tant qu'idéologie n'existera plus jamais en Algérie" », *Le Point*, 03/06/2021, https://www.lepoint.fr/monde/exclusif-islamisme-maroc-france-notre-grand-entretien-avec-le-president-algerien-02-06-2021-2429309_24.php.

jeunes Franco-Algériens et Français ayant un lien avec la guerre d'indépendance.

Ensuite avec la décision de Paris de diviser par deux le nombre de visas, comme en Tunisie et au Maroc, pour forcer Alger à délivrer davantage de laissez-passer consulaires (LPC) autorisant le retour des immigrés refoulés de France, un document sans lequel une expulsion ne peut pas être exécutée.

Utiliser les visas comme un levier de pression est contre-productif : la France n'a pas les moyens de bloquer les hauts fonctionnaires visés par la mesure, qui ont des passeports de service dont ils font bénéficier leurs familles et la classe moyenne.

Elle joue aussi solo dans la cour de l'espace Schengen pendant que ses camarades, l'Espagne et l'Italie pour ne pas les citer, accordent massivement des visas. « Si on dit aux Algériens comme aux Tunisiens ou aux Marocains : "Si vous ne nous respectez pas, nous vous supprimons 50 % des visas", mais qu'on laisse de façon irresponsable les gens contourner le dispositif par l'Espagne ou l'Italie, on n'est pas respectable. On fait preuve à la fois de malveillance et de faiblesse. Comment notre message peut-il passer ? » se désole un responsable français. Et ça n'a pas raté : en décembre 2022, Gérald Darmanin annonça un retour à la normale dans l'octroi des visas.

En 2022, la France a délivré un peu plus de cent trente mille visas aux ressortissants algériens, soit plus du double par rapport à 2021. Le retour à la normale des relations consulaires y est pour beaucoup, mais le nombre de visas accordés aux Algériens en 2022 reste bien inférieur aux deux cent soixante-dix mille accordés en 2019.

Quand Macron se rend en Algérie, en 2022, l'ardoise des griefs entre Paris et Alger a, de nouveau, été effacée. Jusqu'à ce que l'affaire Amira Bouraoui fasse à nouveau imploser – durablement – la relation, en février 2023.

Pour fuir l'Algérie et rejoindre son fils en France, cette militante politique franco-algérienne sous le coup d'une interdiction de sortie du territoire en Algérie (ISTN) était passée en Tunisie grâce à des complicités à la frontière. Arrêtée, risquant d'être expulsée vers l'Algérie, elle contacta l'ambassade de France à Tunis, qui la prit sous sa protection et l'exfiltra vers la France. L'ambassadeur d'Algérie en France avait été rappelé. Les autorités algériennes avaient qualifié sa fuite d'« exfiltration illégale » organisée par l'ambassade de France à Alger et les services secrets français, et stoppé net la délivrance des laissez-passer consulaires nécessaires pour reprendre les ressortissants algériens en situation illégale. La communication avec les Affaires étrangères avait été rompue, empêchant le personnel de l'ambassade de France, tributaire d'autorisations pour tout déplacement dans le pays, de quitter Alger. En mars, le président Tebboune avait finalement consenti à reparler à Emmanuel Macron, et un coup de fil entre les deux présidents avait mis un terme à la brouille.

Depuis, le système algérien persiste à dire que dans le fond les choses ne vont pas si mal : les relations entre les militaires sont bonnes, TotalEnergies continue à signer de gros contrats, et la coopération sur des questions centrales (terrorisme, retour des illégaux) fonctionne. Sauf qu'en surface la stratégie populiste menée par l'Algérie a un coût politique. Pour elle et pour Macron.

En juin 2023, après la mort de Nahel, un jeune de 17 ans tué à Nanterre par la police après un refus d'obtempérer, Alger a tenu à rappeler à Paris « son devoir de protection envers ses ressortissants », convoquant au XXIe siècle un vieux litige du siècle passé, celui des « ratonnades » de 1973 à Marseille ; Houari Boumédiène avait alors demandé[1] à Georges Pompidou d'assurer la sécurité de « ses res-

1. Voir Dominique Manotti, *Marseille 1973*, Paris, Les Arènes, 2020, p. 231.

sortissants », des Algériens vivant en France dans le cadre de l'immigration de travail. Le président algérien avait suspendu l'immigration et, détail amusant, le ministre du Travail de l'époque, Georges Gorse, s'était alors élevé « contre toute dramatisation artificielle de la situation ».

Sauf que, cinquante ans plus tard, la sortie algérienne, en plus d'être fausse (Nahel était français), est aussi très dangereuse puisqu'elle a donné une fois de plus à l'extrême droite française des armes pour taper sur l'Algérie. « Quand nous acceptons en silence les leçons de morale de l'Algérie qui s'inquiète, je cite, "pour le sort de ses ressortissants dans l'épreuve", faut-il leur rappeler que les Algériens représentent la nationalité la plus représentée dans les prisons françaises, que 42 % de ces ressortissants algériens n'ont aucune activité en France et vivent aux crochets des travailleurs français, que près de la moitié des ressortissants algériens vivent dans des HLM aux frais du contribuable ? » avait commenté l'ancienne députée FN Marion Maréchal.

Selon les statistiques de l'Institut national de la statistique et des études économiques (INSEE) sur les données annuelles de 2022, le taux d'inactivité des immigrés d'origine algérienne n'est pas de 42 % mais de 33,3 %.

« Si elle croit pouvoir s'inquiéter pour ses ressortissants présents en France, qu'elle n'hésite pas à les récupérer, à commencer par ceux qui violent les lois de la République française », avait aussi ironisé Jordan Bardella, le successeur de Marine Le Pen à la présidence du Rassemblement national.

À Paris, personne ne comprend que le président algérien, tout en prétendant vouloir aider Emmanuel Macron, contribue à le fragiliser face à l'extrême droite. Cette désynchronisation est problématique. Alger ne voit pas qu'en France, depuis 2019, l'ambiance n'est plus la même.

Les Français ont désavoué la gestion de la pandémie par le gouvernement. Entre avril 2020 et janvier 2022, ils sont restés en moyenne 60 % à ne pas faire confiance à l'exécutif pour sortir de la crise sanitaire[1]. En février 2021, ils étaient plus de sept sur dix[2] à estimer que le gouvernement « n'avait pas pris les bonnes décisions au bon moment ». Une fois la séquence Covid terminée, en 2023, Macron a dû faire face à un

1. Comparaison entre un sondage réalisé par Elabe pour BFMTV les 24 et 25 septembre 2020 et un sondage effectué par le baromètre OpinionWay-Kéa Partners pour *Les Échos* et Radio Classique.

2. Sondage Odoxa-Backbone Consulting pour *Le Figaro* et France Info réalisé les 3 et 4 février 2021.

vaste mouvement social contre la réforme des retraites. Aujourd'hui, l'opposition s'est emparée du dossier immigration, sujet de virulents débats opportunément liés à l'Algérie.

Avant que n'éclate l'affaire Lola (une adolescente de 12 ans tuée dans des circonstances atroces et dont la meurtrière présumée est une Algérienne en situation irrégulière), l'entourage du président Macron s'inquiétait depuis des mois que la droite et l'extrême droite puissent profiter de la corrélation entre les affaires de criminalité et le dossier des clandestins algériens sur la base d'un fait divers de ce type pour faire pression sur le président.

C'est désormais chose faite. Un récit s'impose dans les médias, « les Algériens ne veulent pas récupérer leurs ressortissants qui tuent et qui violent », et monte en puissance.

Si Alger reprend davantage de ressortissants frappés d'une « obligation de quitter le territoire français » (OQTF) qu'elle ne le faisait avant le Covid, les éloignements n'ont jamais retrouvé le niveau d'avant 2019 et, surtout, ne correspondent pour Paris ni à l'ampleur migratoire ni à l'enjeu sécuritaire. Au premier semestre 2022, il n'y avait eu que cinquante-trois reconduites à la frontière, soit moins de dix par mois contre cent soixante-dix par mois avant la pandémie.

En mai en Italie, Abdelmadjid Tebboune avait déclaré que le nombre d'Algériens clandestins ne dépassait pas deux cents alors que la France recensait sept mille OQTF et quarante mille illégaux. En 2023, le nombre de LPC est passé à mille sept cents.

Face aux déclarations d'hostilité de l'Algérie, les Français – qui ne réalisent pas que les menaces sur les visas sont perçues comme une semblable agression – ressentent au mieux de l'indifférence à l'égard de l'Algérie, au pire du ressentiment. Pour le président Macron, il devient clairement de plus en plus difficile de défendre le caractère exceptionnel de la relation bilatérale.

2

En face, un État en crise

S'interroger sur les raisons de la perte d'influence française en Algérie implique forcément de regarder ce qui se passe aussi en face, côté algérien. Relation bilatérale oblige, quand rien ne va, les torts sont forcément partagés. Mais partagés avec qui ? Un président ? Un système ? Un pouvoir ? Qui décide ?

Non pas qu'Abdelaziz Bouteflika – pour qui le pouvoir, le vrai, se concentrait exclusivement entre les mains du président – ait laissé un quelconque doute sur la façon dont il prenait les décisions. Sur la plupart des sujets (hors ligne rouge comme les hydrocarbures), il décidait seul, animé par sa volonté de s'autonomiser de l'armée.

« Qui décide ? » Cette question, sans doute une des plus récurrentes au sujet de l'Algérie, est souvent tranchée, à Paris en particulier, sans nuance : l'armée, à travers le président civil qui lui sert de marionnette. La réalité est évidemment plus complexe.

On a trop longtemps fantasmé sur le Raïs au regard sévère, au verbe haut, qui décide seul sur les hauteurs d'Alger, enveloppé d'un nuage de fumée de cigare. Ou sur des conclaves secrets de généraux algériens moustachus et bourrus au fin fond d'une caserne secrète. Le système algérien, comme n'importe quel autre système politique, fonctionne sur deux plans : le formel et l'informel.

Très attaché à l'image qu'il donne de lui-même à l'étranger, le système possède une devanture institutionnelle légale opérationnelle : le président prend des décisions, les lois sont présentées au Parlement puis au Sénat, et le gouvernement exécute. Mais ces institutions ne fonctionnent que formellement. C'est la raison pour laquelle le Parlement est souvent qualifié de « chambre d'enregistrement » : faute d'opposition, il se contente de valider les lois sans exercer un réel contrôle sur l'exécutif.

Au cours de son passage dans les circuits de l'État, la décision est aussi impactée par un réseau informel de décideurs de plusieurs niveaux. Plus exactement d'autres pôles que la décision civile : l'armée et les services de renseignement. Ils agissent comme des « vérificateurs » et des « garants » des lignes rouges posées en amont sur les questions régaliennes (intégrité territoriale à protéger, secteurs stratégiques à garder dans le giron de l'État...).

Ce décalage entre pouvoir réel et pouvoir formel est hérité de la guerre de libération, lorsque le FLN-ALN (Armée de libération nationale) a mis en place des institutions civiles pendant que le vrai pouvoir était entre les mains des militaires. Au début des années 2000, les services secrets se sont par exemple opposés à certaines réformes du secteur des hydrocarbures visant à laisser plus de marge de manœuvre aux Américains, parce qu'ils considéraient que le président Bouteflika allait brader les ressources.

En avril 2019, après la démission d'Abdelaziz Bouteflika, l'armée, qui s'est retrouvée seule face à la rue, sans aucune institution ou force politique capable de canaliser les manifestants, s'est imposée de fait. Elle a imposé les priorités sans se préoccuper de l'habillage : préserver sa cohésion interne, fixer une nouvelle feuille de route, éviter toute effusion de sang, empêcher l'écroulement des institutions en place et purger l'État des nuisibles.

La fabrication de la décision obéit donc à deux schémas qui s'entrecroisent. Le légaliste et l'institutionnel en apparence, et les réseaux d'influence dont aucun Journal officiel ne parle. Les influences de l'armée (état-major et services) – dépositaire des enjeux de stabilité et de sécurité du pays et du système –, des décideurs économiques proches du pouvoir (sa clientèle) et des entremetteurs officieux qui représentent les intérêts des milieux conservateurs (zaouias, tribus et régions) vascularisent ainsi la décision politique.

Sur ce processus se greffe enfin la logique bureaucratique et conservatrice (résistante au changement) d'une administration lourde et tentaculaire qui intervient à la fois dans la prise de la décision et dans son application.

Dans le brouillage de la lecture de la décision politique, le poids de l'administration est même encore plus important depuis le Hirak. Le président Tebboune lui-même s'est plaint, en public et en privé, des bâtons dans les roues tendus par les différentes administrations, centrale et locales. Il ordonne des primes supplémentaires aux soignants pendant la crise du Covid ? Elles ne seront versées qu'après des mois et les réprimandes du président. Il veut accélérer les projets de partenaires étrangers dans l'agroalimentaire ? Rien ne bouge dans les administrations concernées.

La purge menée par le chef d'état-major Ahmed Gaïd Salah en 2019 pour nettoyer l'État de l'argent sale n'y est pas étrangère.

Les cadres de l'État ont plus que jamais peur de signer, d'être tenus un jour responsables de leurs décisions et d'être envoyés en prison. Mais les résistances sont aussi motivées par la peur du changement. L'administration se montre, à des degrés divers selon les services, très réfractaire au vaste projet de numérisation : de l'état civil (passeports, cartes d'identité, permis de conduire) aux impôts, en passant par les services de l'emploi. La transparence qu'implique la traçabilité de la numérisation et la mise à niveau des compétences sont perçues comme un problème : l'administration se voit privée d'une partie de son autonomie et de sa marge de manœuvre pour « régler » les dossiers selon ses propres intérêts. Les ordinateurs sont de plus en plus nombreux aux étages des responsables de services comme les douanes, les impôts ou l'emploi, mais, dans les bureaux des subalternes, règnent encore les cahiers dans lesquels l'administré signe entre deux lignes pour le retrait d'un document. La bureaucratie a par ailleurs trouvé le moyen de s'épanouir dans la numérisation : dans la plupart des administrations, les démarches en ligne doivent se doubler… d'une présence physique des demandeurs au guichet concerné.

Avec le Hirak, la prise en main du pays par Ahmed Gaïd Salah a rendu les lectures politiques plus faciles, du moins jusqu'à la présidentielle de décembre 2019. Au fil des années du mandat d'Abdelmadjid Tebboune, la façon dont le pouvoir s'exerce en Algérie s'est à nouveau opacifiée, laissant les interlocuteurs étrangers dans le brouillard le plus total sur le poids réel de la présidence, de l'état-major et des services.

Le Hirak, un changement de paradigme

Les bouleversements provoqués par le Hirak – changement à la tête de l'État avec l'arrivée d'Abdelmadjid Tebboune ; nettoyage au sein des services de renseignement et de l'armée, elle-même chamboulée par la disparition brutale de son chef d'état-major Ahmed Gaïd Salah, décédé d'une crise cardiaque en décembre 2019 – ont eu pour principale conséquence de faire passer l'Algérie de la fiction à la réalité.

La bulle dans laquelle le système Bouteflika avait enfermé le pays a, d'un coup, éclaté. L'Algérie de 2020 s'est réveillée au milieu d'un paysage de terre brûlée. Le nouveau président s'est retrouvé dans des bureaux désertés, où « la présidence » n'incarnait plus rien depuis des années, à part des connexions mafieuses. Il n'avait à ses côtés aucun parti digne de ce nom – les principaux partis se sont désagrégés avec le départ d'Abdelaziz Bouteflika –, ni aucune institution sur laquelle s'appuyer à part l'armée.

La société civile et l'opposition, mises face à leurs propres contradictions par le Hirak, n'ont pas été en mesure de dépasser les agendas personnels au nom de l'intérêt collectif et ont failli à s'imposer comme des forces de proposition crédibles face à un pouvoir qui, lui, a su se régénérer.

Enfin, l'économie, qui a vu partir en prison les principaux capitaines d'industrie, s'est retrouvée brutalement amputée d'acteurs majeurs du secteur privé.

Pour Paris, le choc fut aussi très brutal. D'une part, ses réseaux, tissés dans les milieux politiques et économiques, ainsi que dans la société civile, ont implosé avec la chute d'Abdelaziz Bouteflika. Certains chefs d'entreprise très connectés à la France, comme Issad Rebrab, ont été incarcérés, pendant que des personnalités politiques, tel Abdeslam Bouchouareb, ex-ministre de l'Industrie de 2014 à 2017, ont fui. Seuls sont restés les opposants laïcs qui, il est vrai, de l'ère Bouteflika à l'ère Tebboune, n'ont pas bougé, mais ne sont pas non plus les mieux connectés aux réalités du système.

D'autre part, certaines officines influentes au sein de l'armée et des services ont trouvé dans la reprise du contrôle qui leur avait échappé sous les Bouteflika l'occasion de « faire payer à la France » ce qu'elles lui reprochaient depuis longtemps. Les raisons de leur ressentiment ? Les Français fréquentent selon elles beaucoup trop les opposants politiques et les acteurs de la société civile qui ont participé au Hirak. Par extension, ils complotent ensemble pour déstabiliser l'Algérie. Les Français ont aussi, à leur sens, trop pactisé, on l'a dit, avec la Issaba.

À ce moment-là, le discours à l'intérieur du système est très clair : alors que la France est agressée dans ses ex-colonies en Afrique, l'Algérie lui dit qu'elle sera toujours la bienvenue, à condition de comprendre que les équilibres du pouvoir ont changé et que l'Algérie ne veut plus se voir imposer quoi que ce soit. La balle est dans le camp des Français : c'est à eux de saisir cette opportunité.

Ce méticuleux French bashing, insinuant que la France a trop profité des réseaux Bouteflika, laisse peu de place à la nuance. Il occulte surtout le fait que, si les Français ont dialogué pendant vingt ans avec des politiques ou des figures de l'économie tombés en disgrâce depuis la chute du président Bouteflika, c'est bien parce que ces hommes et ces femmes avaient été désignés ou acceptés comme tels dans leurs fonctions par le pouvoir. Abdelmalek Sellal a certes été condamné à plusieurs années de prison ferme (il devrait y rester jusqu'en 2030 au moins, selon la peine la plus lourde prononcée), mais entre 2012 et 2017 il était Premier ministre. Ali Haddad devrait lui aussi croupir en prison (jusqu'en 2030, au moins), mais entre 2014 et 2019 il n'y avait pas de président de patronat plus puissant que lui.

Reste que Paris devient une des victimes des nouvelles velléités de multilatéralisme, une façon politique d'habiller une volonté de redistribuer les cartes et de choisir, pour l'après-Bouteflika, de nouveaux partenaires. Pendant le Hirak par exemple, les militaires ont ainsi décidé, pour les achats de blé, d'écarter la France au profit des Russes et des Américains.

« Ce glissement est arrivé parce qu'on n'a pas assez travaillé. Des deux côtés », résume l'ex-ministre Abdelaziz Rahabi. De fait, le train est passé. Selon ce haut fonctionnaire, la personne qui aurait pu engager des réformes était Abdelaziz Bouteflika : « On sortait d'une crise financière et politique, l'aisance financière aidant, il pouvait payer le coût des réformes.

Il n'en a passé aucune. Il a laissé le pays en l'état, et quand Tebboune est arrivé, il n'a pas trouvé de réforme déjà engagée. Pendant ce temps, l'administration, à qui on fait jouer un rôle politique depuis soixante ans (défendre la révolution, organiser des élections, etc.), est devenue un acteur politique. L'administration pense qu'elle est l'État. Elle est investie d'un pouvoir exorbitant. » Et aujourd'hui plus que jamais, elle a sa propre dynamique et une puissante capacité de nuisance.

Bref, l'Algérie de Bajolet, Driencourt I, Parant et Émié n'est pas celle de Driencourt II, ni de Gouyette et de Romatet[1]. Le même système qui pouvait dealer avec une ambassade de France est aujourd'hui inscrit dans une polarisation extrême qui rend la communication particulièrement difficile.

Cette polarisation est née du Hirak : le système, se voyant contesté par une large portion de la population et menant une guerre interne

1. Bernard Bajolet, ambassadeur de France de 2006 à 2008 ; Xavier Driencourt, ambassadeur de France de 2008 à 2012 ; André Parant, ambassadeur de France de 2012 à 2014 ; Bernard Émié, ambassadeur de France de 2014 à 2017 ; Xavier Driencourt, à nouveau ambassadeur de France de 2017 à 2020, François Gouyette, ambassadeur de France de 2020 à 2023 ; Stéphane Romatet, ambassadeur de France depuis 2023.

contre les « résidus » du système des Bouteflika, a développé comme réflexe de défense une radicalité offensive contre toute opposition, bien plus prononcée qu'avant 2019. L'idée : « Celui qui n'est pas avec moi est contre moi. » Dans la construction mentale et discursive du système post-Bouteflika, chaque critique, chaque initiative politique qui n'adhère pas à son agenda de « redressement national » est condamnée, et même, parfois, criminalisée. Il en résulte une attitude ombrageuse contre tout acteur, étranger ou algérien, qui paralyse des relations apaisées.

L'immunité de l'État affaiblie

Il a beaucoup été dit, après le Hirak, que « le système Bouteflika », résumé en une bureaucratie centralisée et caporalisée par la présidence, se serait tôt ou tard effondré, même si les Algériens n'avaient pas balayé de leur colère un cinquième mandat.

Pendant presque vingt ans, pour asseoir son autorité, Abdelaziz Bouteflika a démantelé tous les pôles du pouvoir : la présidence, les services secrets et l'état-major de l'armée. Il a aussi contribué à saper de manière durable et méthodique, avec l'aide des services, tous les contre-pouvoirs, provoquant aujourd'hui une crise de ressources humaines sans précédent. À cette fin, il a mis en œuvre plusieurs mécanismes et techniques (répression physique, intimidation, cooptation, manipulation, postes honorifiques, passe-droits et privilèges) qui n'ont permis à aucun contre-pouvoir d'émerger. L'allégeance et l'obéissance devant être totales et absolues. Dans le cadre de cette équation, l'opposition n'a pas pu développer une vision politique sur le long terme, prisonnière des questions de survie, d'agendas personnels et d'ego, réduite à grappiller de petits privilèges et à maintenir des positions précaires. Et, alors que se multipliaient les marchés publics alimentés par les revenus pétroliers, une caste de prédateurs s'imposa dans l'antichambre du pouvoir, gagnant toujours plus d'influence jusqu'à l'AVC du président. Là, profitant de la baisse d'immunité de l'État, elle phagocyta la décision politique en utilisant sa proximité avec Saïd Bouteflika.

Ces prédateurs ont été appelés « les nouveaux oligarques », par analogie avec les oligarques russes. Même si la comparaison n'avait, depuis le début, rien de rassurant sur le sort qui leur serait réservé – Vladimir Poutine ayant liquidé une bonne partie de ces oligarques –, presque dix années de toute-puissance avaient fini par leur faire croire à leur impunité totale… et éternelle.

En novembre 2014, Ali Haddad, patron du groupe ETRHB Haddad (BTP, principalement), est ainsi devenu président du FCE (Forum des chefs d'entreprise), l'organisation patronale la plus puissante du pays, à la faveur d'une élection que même Abdelaziz Bouteflika n'aurait pu se permettre : aucun concurrent, aucune abstention, aucun vote contre.

Cette caste d'entrepreneurs, devenue subitement très riche au début des années 2000, n'a pas surgi ex nihilo. Hommes d'affaires véreux et industriels sans scrupule n'ont pas attendu les années Bouteflika pour hanter les couloirs du pouvoir. On trouve des traces de ce compagnonnage dès les premiers pas de la République. Ainsi, le président Houari Boumédiène (1965-1978) s'était employé à écarter de nombreux rivaux en leur faisant miroiter l'intérêt de se reconvertir dans les affaires. À cet effet, il invita le Trésor public à leur accorder des sommes extrêmement importantes sous forme de crédits non remboursables. Beaucoup saisirent l'aubaine. D'ailleurs, lors du débat sur la Charte nationale en 1975, le président Boumédiène avait reconnu : « On ne peut pas travailler dans le miel sans y plonger son doigt. » L'argent a toujours circulé en dehors du système, pour l'enrichissement individuel, mais aussi pour permettre des financements qui ne pouvaient être le fait de la comptabilité publique. Seule différence : à ce moment-là, le système socialiste ne permettait pas l'émergence d'acteurs privés.

Avec les années Chadli Bendjedid (1979-1992), la donne change du tout au tout. La vague de privatisations portée par la libéralisation du commerce extérieur favorise une corruption d'une ampleur encore jamais atteinte. À ce moment-là apparaissent les premiers oligarques, hommes d'affaires liés au pouvoir. On les surnomme « les barons de l'import-import », eu égard aux immenses profits qu'ils tirent de l'importation au détriment de la production intérieure. Dès lors, bénéfices, passe-droits, avantages politiques, concussion entrent dans une spirale hyperbolique accélérée par deux phénomènes.

D'abord, le plan d'ajustement structurel des années 1990, imposé par le Fonds monétaire international. Grâce à des financements exceptionnels de plus de 20 milliards de dollars entre 1994 et 1998, les monopoles changent de mains[1], passant du secteur public aux magnats

1. Voir Mohammed Hachemaoui, « La corruption politique en Algérie : l'envers de l'autoritarisme », *Esprit*, 2011, pp. 111-135.

du privé liés à une élite prédatrice militaire et civile. Alors que l'Algérie improvise une économie de marché complètement débridée à l'ombre d'un nouvel ordre politique en plein processus de re-légitimation, les liens traditionnels du clientélisme vis-à-vis de l'ex-parti unique sont remplacés par des liens d'affairisme entre les nouvelles castes dirigeantes politiques et les entrepreneurs.

La genèse du RND (Rassemblement national démocratique) est de ce point de vue un cas d'école. Sa création par le pouvoir en 1997 pour « remplacer » le Front de libération nationale (FLN) en tant que parti du pouvoir majoritaire s'est accompagnée de la naissance de toute une classe d'industriels, de hauts fonctionnaires et d'hommes d'affaires – souvent des ex-apparatchiks –, qui ont fait fortune dans cette économie de guerre. Dans ce climat très spécial de lutte antiterroriste, dérégulation, violence politique et réseaux opaques, un général-major « ramène » à Alger un jeune entrepreneur de Kabylie. Il s'appelle Ali Haddad.

Mais c'est surtout l'envol des prix du pétrole, au début des années 2000, qui institutionnalisera « l'argent brutal ».

Le cours du brut, qui avait entamé les années 2000 en dessous des 20 dollars, atteignit 125 dollars en 2008 au moment de la crise financière mondiale. Entre l'effondrement du cours en 2009 et celui pratiqué en 2015, il s'est souvent maintenu au-delà des 80 dollars.

Les revenus tirés des exportations d'hydrocarbures ont permis de financer d'énormes et nombreux marchés publics (notamment l'autoroute Est-Ouest) lancés pour rattraper les retards dus à la décennie noire. Ces revenus, mais aussi de généreux crédits bancaires et les dysfonctionnements de l'administration, ont profité à une classe d'hommes d'affaires soutenue par certains décideurs politiques. La corruption des années Bouteflika se distingue des périodes antérieures par l'ampleur des sommes en jeu. Selon l'Association algérienne de lutte contre la corruption, 60 milliards de dollars ont été détournés durant les quinze dernières années de son règne.

À cette époque s'installe durablement une connivence entre l'homme politique et l'homme d'affaires, matrice de la caste politico-financière qui prend le contrôle de l'État au moment où Saïd Bouteflika se substitue à son frère.

Regroupés sous la bannière du cercle présidentiel, qui cherche de plus en plus d'alliés dans sa bataille d'influence contre l'État profond et l'armée, les oligarques parviennent peu à peu à s'autonomiser grâce à leur montée en puissance.

Mais ces oligarques n'ont pas la conscience politique de leur puissance. Ils cherchent à orienter certaines décisions pour accaparer le maximum de deniers publics. « S'ils avaient eu l'ingénierie politique, les magnats de l'argent brutal auraient pris le pouvoir ou auraient fait des alliances avec ceux de la rente classique », insiste Abderrahmane Hadj-Nacer, gouverneur de la Banque centrale d'Algérie de 1989 à 1992. Mais faute de stratégie ils n'ont pas créé une caste de pouvoir. Ils se sont contentés d'un brigandage de haut niveau, sans s'incorporer durablement à l'establishment. « Ils ne sont pas en contact avec la population. À l'indépendance, les décideurs ex-prolétaires s'étaient mariés avec les filles de la bourgeoisie des villes, et les deux parties étaient gagnantes, rappelle l'ex-haut fonctionnaire. À la différence des mafiosi qui gravissent les échelons un à un avant de devenir parrains, ils n'ont pas la conscience de soi ou de classe. Ils ont juste conscience qu'ils sont à côté de Saïd Bouteflika et qu'il faut vite ramasser l'argent. La flatterie des partenaires étrangers fait d'eux des gens importants, or c'est un piège. Ce n'est pas en donnant une rétrocommission qu'on tient l'autre, bien au contraire. Regardez qui est mort, Kadhafi ou Sarkozy ? »

Après avoir consolidé leur fortune en Algérie et à l'étranger, et après avoir participé au financement de toutes les campagnes électorales présidentielles, parlementaires et communales, ces hommes d'affaires ont voulu revendiquer une partie de la décision politique. Mais sans réelle stratégie politique, en s'appuyant sur la seule tactique de la prébende, ils ne pouvaient qu'être des proies faciles lors d'un retournement de situation tel que l'a connu l'Algérie, en un premier coup de semonce à la fin du printemps 2017, puis au printemps 2019.

En 2017, les nouveaux oligarques se sentent forts, mais le temps se couvre déjà. La récupération de l'ensemble des structures du renseignement (en 2015-2016) par l'état-major de l'armée a permis au haut commandement de tomber sur le véritable trésor de guerre des « services » : des centaines de dossiers d'enquêtes sur la corruption mis sous le coude par d'anciens patrons de la « maison » téléguidés par la présidence et Saïd Bouteflika, autant de leviers de marchandage et de protection des oligarques serviables.

À ce moment-là, enquêtes, expertises, témoignages, rapports d'études pleuvent sur les juges d'instruction, débordés. Cette opportunité en rencontre une autre : la désignation d'Abdelmadjid Tebboune, ancien ministre de l'Habitat, comme Premier ministre en mai 2017.

Succédant à Abdelmalek Sellal, Abdelmadjid Tebboune n'en revient pas quand il prend ses fonctions. Il découvre que l'agenda de son prédécesseur est géré par un haut fonctionnaire nommé par les oligarques et que l'agenda d'Ali Haddad, patron des patrons, est pris directement en charge par le cabinet du Premier ministre.

Le nouveau Premier ministre leur déclare officiellement la guerre : il promet de « séparer l'argent et le pouvoir », les empêche d'accéder à certains ministères et au palais du gouvernement, bloque les avances financières accordées par le gouvernement (dont 900 millions d'euros à ETRHB, la société d'Ali Haddad), fait perquisitionner les bureaux de la primature, crée une inspection générale rattachée directement à ses services pour scanner l'ensemble des marchés publics et autres contrats suspects.

Vingt jours à peine après sa nomination, des hommes d'affaires se réunissent à Marseille pour « détruire Tebboune ». Leur arme ? 35 millions d'euros, qui serviront à monter une violente campagne dans les médias et sur les réseaux sociaux. « Tebboune est tombé entre mes mains et je ne suis pas un gars facile, annonce Ali Haddad pour tranquilliser ses compères. Tebboune doit partir. Ce n'est pas à lui de nous dire ce qu'on doit faire. C'est à nous de lui dire ce qu'il faut faire. »

Fin juillet, il n'y a plus aucun garde-fou pour empêcher Ali Haddad de prononcer ces mots devant plusieurs chefs d'entreprise. Quinze jours plus tard, le Premier ministre sera démis de ses fonctions.

Qui connaît l'arrière-cour d'une telle dérive sait que nominations aux plus hauts postes, dégommages de ministres, décrets, marchés publics, taux de rétrocommissions, pots-de-vin dans les banques ou au fisc, accaparement des terrains, etc., se décidaient entre « amis », dans les sauteries alcoolisées de la villa Mackley. Dans cette villa discrète – louée sur les hauteurs d'Alger par l'un des frères Kouninef, à la tête d'un empire BTP-agroalimentaire-téléphonie –, le frère du président et une poignée de patrons plus ou moins médiatiques se retrouvaient autour de la piscine, dans le jardin, la cuisine d'été ou le grand hall pour décider du sort de l'Algérie, un verre à la main. Des hommes d'affaires (Ali Haddad, Amin Djerbou, Mohamed Baïri), le ministre Abdeslam Bouchouareb, la fratrie Kouninef, ainsi que le « prince régent », Saïd Bouteflika, participaient à ce cercle restreint et fêtard. « À partir de vingt-trois heures, c'est moi le

Premier ministre ! » se vantait un des patrons aujourd'hui en prison.

Un an après le départ d'Abdelaziz Bouteflika, les raisons pour lesquelles les hommes d'affaires autour de Saïd Bouteflika et des ex-Premiers ministres Ouyahia et Sellal voulaient absolument que le président s'éternise au pouvoir apparurent clairement. Quoi de plus pratique pour eux, en effet, qu'un président malade, qui ne gouverne plus qu'à travers leur « copain » Saïd Bouteflika ? « Si tu as des soucis avec les impôts ou avec un de tes concurrents, aide-nous pour la campagne du président, et nous, on t'aidera, raconte un businessman, à ce moment-là proche du FCE, qui a refusé de participer à la levée de fonds. Je sentais que le vent allait tourner. “La bande de Mackley” était allée trop loin, ils avaient pris le pouvoir. »

L'étendue de la corruption institutionnelle était devenue telle qu'elle engageait le pronostic vital de l'État. La machine dirigée par le chef d'état-major de l'époque, Gaïd Salah, s'est alors mise en marche de manière très brutale en avril 2019. Des administrations entières ont été vidées, des cadres intermédiaires étrangers à toute affaire de corruption ont été emprisonnés. La liste donne le vertige. Non seulement par le nombre de personnes convoquées par la justice, puis placées en détention provisoire, mais aussi par le casting de la purge : trois ex-Premiers ministres (Abdelmalek Sellal, Ahmed Ouyahia, Noureddine Bedoui) ; une quinzaine de ministres ; des walis (préfets) ; des maires ; des gradés de la police, de la gendarmerie, des douanes, de l'armée, du renseignement ; des cadres supérieurs de l'administration, avec leurs complices ou donneurs d'ordres parmi les chefs d'entreprise les plus en vue.

Au premier rang de ces capitaines d'industrie : Ali Haddad, bien sûr, et les frères Kouninef. Y figure également Mourad Eulmi, le patron du groupe Sovac, spécialisé dans le montage et l'importation de véhicules de grandes marques. Eulmi aurait acheté pas moins de huit propriétés, dont certaines à Paris, Neuilly-sur-Seine ou Saint-Tropez, pour une somme de l'ordre de 25 millions d'euros. Mahieddine Tahkout, le PDG de Tahkout Manufacturing Company, une entreprise de transport et montage automobiles, figure sur la liste, aux côtés d'Ahmed Mazouz, PDG du groupe éponyme (agroalimentaire et grande distribution), de Hassan Arbaoui, PDG de Global Group (assemblage automobile), de Mohamed Baïri, PDG du groupe Ival (assemblage automobile), d'Abderrahmane Benhamadi, PDG du groupe Condor (électroménager et électronique), dont le frère

Moussa, ex-ministre, décédera du Covid en prison en 2020.

Une crise de ressources humaines

Jaloux de ses prérogatives face à l'armée, qui l'avait amené au pouvoir en 1999, Abdelaziz Bouteflika ne s'est pas seulement employé à saper l'autorité des militaires. Il a combattu les contre-pouvoirs à l'intérieur même du système – en marginalisant les planificateurs (énarques), les think tanks des services – et à l'extérieur – en déstructurant et en réduisant au silence une société qui, même durant le mouvement national au début du XXe siècle pourtant contraint par la colonisation, avait l'habitude de s'exprimer.

Abdelaziz Bouteflika méprisait la société civile. Dans sa culture, l'État décide, le peuple mange. « Démocratie » est synonyme de libéralisme sauvage et d'exploitation de l'homme par l'homme. Grâce à une situation financière favorable, lui permettant de répondre positivement à de nombreuses revendications sociales en puisant dans le Trésor, l'État a réussi pendant vingt ans à préserver la paix sociale. Non pas que les grèves à répétition dans la fonction publique, dans les années 2000, l'aient réellement menacée. Malgré leur mérite à exister dans un environnement particulièrement hostile, les syndicats autonomes n'ont jamais eu que peu de poids dans la négociation.

La stratégie de redistribution de la rente des hydrocarbures s'est accompagnée d'une politique répressive particulièrement efficace, comme l'a montré la neutralisation d'un pourtant très structuré mouvement des chômeurs du Sud qui, en 2013, réussit à instaurer un rapport de force avec le pouvoir : en mobilisant plusieurs milliers de personnes dans les régions pétrolières de l'Algérie (les plus riches d'un point de vue économique, mais les plus pauvres d'un point de vue humain), le Comité national pour la défense des chômeurs (CNDDC) est parvenu à faire céder le gouvernement. Des mesures d'urgence, crédits bancaires à taux zéro, préférence locale dans le recrutement, obligation pour les entreprises d'assurer des formations, ont été prises pour éteindre un feu qui couvait depuis plus de dix ans. En contrepartie, Tahar Belabbès, le leader du mouvement, qui militera ensuite dans le mouvement anti gaz de schiste, et d'autres militants de son entourage proche ont fait l'objet d'une campagne de dénigrement sans précédent. Accusé de connivence avec des puissances étrangères, taxé de « saoulard » et de « drogué » par les journaux proches du pouvoir, insulté sur les réseaux sociaux, Belabbès a par ailleurs été condamné à de la prison ferme pour « attroupement non armé », « destruction des biens d'autrui » et « violence contre agent d'un corps de sécurité ». Il vit maintenant à l'étranger.

Au début des années 2000, de jeunes cadres et militants politiques et associatifs rassemblés au sein du Mouvement des enfants du Sud pour la justice (MSJ) protestaient déjà contre la mauvaise répartition des richesses. La répression organisée par le pouvoir, arrestations, mises en détention sans procès durant des années, licenciements… essouffla ses militants. Certains ont survécu et tenté de se faire oublier, d'autres se sont radicalisés. Un des ex-membres du MSJ, Lamine Bencheneb, a rejoint le dirigeant d'Al-Qaïda au Maghreb islamique (AQMI), Mokhtar Belmokhtar ; il a été tué lors de la prise d'otages d'In Amenas, en janvier 2013. Le leader du mouvement, Abdesselam Tarmoune, a lui, selon les services de sécurité, été tué en Libye par un groupe armé inconnu. Lui-même avait pris la tête d'un mouvement armé accusé par les autorités algériennes d'être impliqué dans plusieurs attaques terroristes contre des sites militaires et sécuritaires entre 2007 et 2014.

L'État algérien n'a qu'un seul véritable opposant : il a le visage de monsieur Tout-le-Monde et le potentiel de violence de celui qui n'a rien à perdre. Il bloque la rue en faisant brûler des pneus quand il n'a plus d'eau potable, menace de brûler la mairie pour réclamer un logement ou de rejoindre un maquis terroriste si on ne lui trouve pas un travail. Il a trouvé mille et une façons d'interagir avec les autorités en faisant pression sur elles, via des émeutes, des appartenances régionales, des liens de notabilité. Voilà pourquoi l'État craint bien plus la rue que les meetings d'une opposition qui se plie aux cadres qu'on lui impose, et sait bien mieux répondre aux partisans de la violence.

En parallèle, le cumul des luttes des années 1980 (révolte de la Kabylie pour l'amazighité, pour la sacralité de l'université, pour l'existence d'une voix autre que celle de l'État...) s'est délité au fur et à mesure que, sur les ruines de la décennie noire, le président Bouteflika s'est créé un monde virtuel où partis politiques, syndicats, associations, parlementaires, PDG et journalistes le servent. Cela a créé un vide abyssal autour du pouvoir, érodé les professions intellectuelles et conduit à une crise aiguë dans l'identité de la société.

L'affaiblissement des institutions concomitant à l'assèchement de la ressource humaine a miné les structures de l'État, au point que les centres de décision sont aujourd'hui affectés par un grave problème de compétences face auquel les dirigeants, s'ils en sont conscients, se montrent peu réactifs. Les décideurs algériens sont confrontés aux chantiers herculéens de l'après-Bouteflika : mettre en place de véritables réformes économiques pour sortir de la rente pétrolière ; structurer un système éducatif moderne, qui prépare la jeunesse algérienne aux défis de demain ; repenser l'aménagement du territoire pour garantir la vie des générations futures…

Lucide sur son besoin en compétences, l'État montre qu'il cherche à séduire et impliquer les Algériens de l'étranger dans le développement de leur pays, en les valorisant comme potentiels partenaires de l'État pouvant apporter une valeur ajoutée au pays. Il ne le verbalise pas, mais cet apport serait en effet précieux dans les secteurs où l'Algérie a besoin de technologies innovantes pour gagner en productivité et dans tous les secteurs fixés comme prioritaires, afin de diversifier l'économie et asseoir la souveraineté économique : de l'agriculture à l'industrie pharmaceutique en passant par le secteur de l'énergie.

En France, des Algériens ont déjà pensé aux connexions à établir entre les deux pays. Chams-Eddine Bezzitouni, qui fut un temps directeur du développement chez Creative

Valley Groupe (un réseau de centres d'innovation qui accompagne une communauté de deux cent cinquante start-up en France, mais aussi en Asie et en Afrique), a déjà tracé la feuille de route des secteurs dans lesquels la France et l'Algérie peuvent s'aider mutuellement. Face aux enjeux géo-technologiques (application de la science et de la technologie dans l'utilisation des ressources naturelles), mais aussi climatiques et culturels, ou encore le passage à la troisième génération des services Internet, il y aurait mille sujets de coopération.

Dans les faits, les Algériens ont du mal à revenir. Beaucoup ont construit leur vie à l'étranger, souvent au prix de sacrifices importants et parfois même contre leur propre volonté – notamment ceux qui ont fui le terrorisme des années 1990. Aujourd'hui encore, ceux qui partent vivent cette rupture comme un exil, mais disent sans complexe qu'ils ne reviendront jamais.

Ce que l'actualité leur renvoie, ou que leurs familles et leurs proches leur racontent, les en dissuade. Ils savent que les revenus restent très bas face à une inflation galopante (en vingt ans, les prix ont augmenté de 158 % et le cours du dinar a chuté de 63 % par rapport à l'euro[1])

1. Sources Fonds monétaire international, Banque mondiale et OCDE Inflation CPI Indicator.

et que l'administration invente chaque jour de nouvelles restrictions. En 2023, les enseignants-chercheurs et les étudiants ont appris qu'ils ne pouvaient plus participer à des manifestations scientifiques internationales sans autorisation du ministère de l'Enseignement supérieur. Les binationaux sont vus comme des ennemis : la nouvelle loi sur l'information, parue le 29 août 2023 au Journal officiel, leur interdit d'être propriétaires d'un média. Depuis longtemps, les hautes fonctions de l'État leur sont aussi interdites.

Les plus impliqués, souvent en raison de la présence de la famille, essaient tant bien que mal de maintenir le lien avec leur pays d'origine via des transferts de fonds, des collaborations professionnelles ou des projets d'investissement. Selon la Banque mondiale, l'Algérie se classait en 2022 à la neuvième position des pays recevant des fonds de sa diaspora, bien après la Tunisie, le Maroc et l'Égypte, avec 1,8 milliard de dollars, un chiffre en baisse depuis 2014. Le chiffre est en réalité plus important, puisque les statistiques officielles ne prennent pas en compte les transferts passant par les canaux informels pour profiter d'un taux de change plus intéressant. Début 2024, l'euro s'achète 150 dinars au guichet contre plus de 230 au marché noir.

Les Algériens de l'étranger ont aussi du mal à revenir parce qu'ils voient partir les Algériens du pays. En 2023, le Global Talent Competitiveness Index[1] classait l'Algérie à la 102e place (sur 134) des pays les plus attractifs pour les jeunes actifs aux compétences recherchées, en fonction de la réglementation, du marché, de l'environnement… qui contribuent à créer un climat favorable au développement et à l'épanouissement.

Peu de chiffres globaux ou fiables existent sur la fuite des cerveaux – l'absence de statistiques officielles rend tout classement international biaisé – mais dans certains pays et dans certains domaines, comme la médecine, où un concours est nécessaire pour exercer en France par exemple, le phénomène est clairement observable. Chaque année, une liste des médecins ayant réussi les épreuves est publiée et alarme les professionnels de la santé en Algérie qui évoquent régulièrement « une saignée ». Selon l'Institut de recherche et de documentation en économie de la santé (IRDES), 37,4 % des quelque trente mille

1. INSEAD, Human Capital Leadership Institute, Descartes Institute for the Future, The Global Talent Competitiveness Index 2023, 2023.

médecins étrangers exerçant en France en 2023 étaient algériens.

Le problème n'est pas nouveau. L'État ayant institué depuis l'indépendance une gestion basée sur la cooptation et les manipulations des élites intellectuelles, la fuite des cerveaux est en Algérie un problème purement politique qui a toujours travaillé la société depuis la naissance du mouvement national[1]. La migration hautement qualifiée remonterait plus spécifiquement au milieu des années 1980[2], résultat d'une dégradation socioculturelle des élites intellectuelles. Alors que le nombre de diplômés explose entre 1984 et 2009 (de moins de quarante mille à cent cinquante mille), le marché de l'emploi ne permet pas de les absorber. Sur trois cent mille bacheliers au chômage, selon le recensement de la population de 2008, cent vingt mille sont titulaires d'un bac + 5. Une terrible règle régit depuis longtemps le monde du travail : un jeune bien formé, équipé des clés pour comprendre le monde d'aujourd'hui et s'y

---

1. Karim Khaled, « Fuite des cerveaux ou mobilité des compétences ? Une vision du Maghreb », *Reflets de l'économie sociale*, CREAD, Alger, 2016.

2. Ali Mebroukine, *La Migration hautement qualifiée algérienne, tentative d'étiologie d'un sinistre*, Institut universitaire européen, Robert Schuman Centre for Advanced Studies, 2010.

faire une place, ne restera pas en Algérie si son milieu familial et/ou un visa lui permet(tent) de partir.

C'est dans cette Algérie qu'il faut replacer la relation bilatérale.

Octobre 2022. Après deux jours de rencontres avec les Algériens, les derniers des seize ministres qui accompagnaient Élisabeth Borne pour son premier voyage à l'étranger ont regagné Paris « soulagés ». La moitié du gouvernement français s'étant déplacée à Alger, tous avaient bien compris que ce cinquième Comité intergouvernemental de haut niveau était « important », qu'il fallait vraiment se donner la peine de prendre l'avion pour donner « une impulsion nouvelle » et concrète à cette réconciliation voulue avec tant d'ardeur par Emmanuel Macron. Et tous ont donné le change.

Une fois rentrés à Paris, les langues se sont déliées. Certains ministres connaissent l'Algérie et savent qu'il est très compliqué de mener cette danse à deux. L'année précédente, Abdelmadjid Tebboune avait accusé Gérald Darmanin d'avoir « bâti un gros mensonge » sur le nombre de clandestins algériens à expulser de France, en l'appelant « Moussa Darmanin » (son deuxième prénom) pour insister sur ses origines algériennes (par son grand-père maternel). Dans la délégation, un autre ministre comptait un grand-père algérien : Bruno Le Maire. Il s'était rendu en Algérie en 2017, déjà en tant que ministre de l'Économie.

Quasiment tous se sont dits surpris du niveau d'impréparation des dossiers côté algérien (dans les secteurs de l'enseignement supérieur ou de l'intérieur, notamment) et du fait que leurs homologues n'avaient pas grand-chose à leur dire. « Manque de réactivité face aux propositions françaises », « blocages de l'administration » et même « incompétence à tous les niveaux » : à Paris, où l'on se plaint de l'absence de réponses aux notes verbales adressées par l'ambassade de France au ministère algérien des Affaires étrangères, le diagnostic est brutal.

Depuis la visite de Macron, en août-septembre 2022, très peu de dossiers ont avancé, les « délivrables », ces sujets sur lesquels des signatures ou des rencontres sont prévues (la coopération civile maritime ; la création d'un Fonds d'investissement franco-algérien ; la coopération industrielle et technologique ; des projets communs dans l'éducation ou la recherche scientifique ; la relance de l'usine Renault, à l'arrêt depuis 2020 ; la coopération sur l'énergie renouvelable), restent suspendus.

Quand les Algériens sont à l'initiative d'une réunion, Paris a beau proposer des dates, personne ne répond. Quand des feuilles de route sont envoyées aux Affaires étrangères, comme celle d'Anne-Marie Descôtes, secrétaire générale du ministère de l'Europe et des Affaires étrangères, qui se déplace pourtant un week-end à Alger pour préparer la visite d'État du président Tebboune, personne ne répond non plus. Quand les Français sont à l'initiative de « gestes » susceptibles de plaire à leurs interlocuteurs (restituer des pièces de monnaie ottomanes saisies par les douanes françaises, par exemple), silence radio.

Il y a des jours où même les Français animés de la meilleure volonté sont obligés de conclure qu'Alger ne veut pas de cette « relation d'exception » dont tout le monde se gargarise.

Et alors que, depuis presque quatre ans, Paris s'acharne à maintenir en vie la relation bilatérale, les échecs successifs ont conduit à la même conclusion : la volonté des présidents, à elle seule, ne peut pas suffire.

D'anciens cadres de l'État, qui ne sont dans l'hostilité ni au système ni à Abdelmadjid Tebboune, sont les premiers à se désoler de l'absence de résultats, malgré les promesses de coopération portées par les ambitions des deux présidents. Dans les milieux politiques et économiques, où l'on voudrait voir l'Algérie décoller, il y a une forme d'unanimité à se désoler de décisions qui conduisent chaque jour le pays vers un plus grand isolement sur la scène internationale, comme la rupture brutale avec l'Espagne et le rapprochement avec la Russie de Vladimir Poutine.

Tous en concluent que le problème est beaucoup plus structurel. La volonté des chefs d'État se heurte en pratique, côté algérien, à la paralysie même des départements ministériels, à leur incapacité à mener à bien un projet, aux lourdeurs bureaucratiques, et, il ne faut pas les sous-estimer, aux ennemis de la relation bilatérale.

Des ennemis de la relation bilatérale de plus en plus influents

Le déficit de compétences ne peut toutefois pas, à lui seul, expliquer que les orientations venues de la présidence algérienne ne parviennent pas à ruisseler. Car, dans ce tableau d'un État à la peine avec ses ressources humaines, manquent des acteurs de premier plan : les ennemis de la relation bilatérale et les ennemis du président, qui ont trouvé là un sujet pour le discréditer. Il arrive que les deux se confondent, parfois même au cœur de la décision.

Ces ennemis sont souvent associés à ce qu'on appelle « la Badissiya Novembriya ». Ce mouvement, qui n'a pas de leader identifié, qui n'obéit à aucun groupe vraiment déterminé, doit son nom à deux référents : le déclenchement de la guerre de libération, le 1er novembre 1954, et le fondateur des oulémas algériens, Abdelhamid Ben Badis.

C'est pendant le Hirak que son idéologie s'est propagée. Antifrançaise, très attachée à l'identité arabe et islamique, la Badissiya Novembriya a beaucoup utilisé les réseaux sociaux pour s'attaquer à des avocats, militants des droits de l'homme, féministes, journalistes. Elle y a multiplié les campagnes contre tout ce qui symbolise l'amazighité et la Kabylie.

Les tenants de ce mouvement ont beaucoup insisté, dès juin 2019, pour suivre l'option de l'institution militaire sous l'ex-chef d'état-major Ahmed Gaïd Salah : « revenir à la légalité constitutionnelle », en opposition à la voie transitionnelle à laquelle appelaient certaines figures du Hirak telles que l'opposant Karim Tabbou, le patron du RCD (Rassemblement pour la culture et la démocratie) Mohcine Belabbas, ou l'avocat Mustapha Bouchachi, en particulier les démocrates (que la Badissiya Novembriya assimile aux « relais de la France » et aux « zouaves »). Les partisans de la Badissiya ont aussi appelé à arrêter les manifestations en 2019, car selon eux elles étaient menées par le courant laïque, de gauche, ennemi de l'identité arabe et islamique.

Certains hauts fonctionnaires parmi ceux envoyés en prison en 2023 – comme l'ex-secrétaire général du ministère de la Défense, le général-major Abdelhamid Ghriss, ou l'ex-patron de la Sécurité intérieure, le général Wassini Bouazza –, officiellement accusés et condamnés pour « enrichissement illicite », « abus de fonction », « trafic d'influence » ou « détournement de deniers publics », ont été présentés par des médias algériens comme des acteurs d'un réseau de généraux appartenant à la Badissiya.

Aucune personnalité ne revendique la paternité ou le leadership de ce mouvement incarné par une armée de trolls électroniques et médiatiques contrôlés par des officines plus ou moins officielles. Les attaques les plus visibles contre la France ne sont toutefois pas le fait des membres de la Badissiya, qui s'inscrivent peut-être davantage dans un rapport de force à l'intérieur même du système et qui, dans leur jeu contre Abdelmadjid Tebboune, ont pour l'instant soit été réduits au silence, soit disparu du paysage. Ces conservateurs, arabophones, cherchent une revanche sur l'élite francophone – qu'ils essaient de présenter comme francophile – mais savent que c'est encore elle qui tient les leviers de la décision. Les hostilités contre la France sont donc déclenchées la plupart du temps par des personnes à l'intérieur même de l'État, au mieux souverainistes (elles agiraient donc par conviction), au pire motivées par de simples calculs politiques.

Il fallait les voir à l'œuvre après la condamnation par contumace de l'opposante Amira Bouraoui à dix ans d'emprisonnement, en novembre 2023. Dès que la – fausse – information selon laquelle la militante avait été « exfiltrée » grâce à une opération de barbouzerie menée par les Français depuis Alger est tombée, les réseaux ont donné la pleine mesure de leur potentiel de nuisance. Les soirs qui ont suivi, Alger bruissait des rumeurs les plus folles. Il était question de listes secrètes de sanctions (suspendre la coopération avec la France, et même les liaisons aériennes) émises dans des cercles fermés où l'on vomit la France. La fake news de l'exfiltration pensée depuis Alger par la France avait gagné les plus hautes sphères où, d'un ton rageur, la menace était proférée sans ambiguïté : « Ou ils nous la rendent, ou c'est fini ! » La version de Paris, aux canaux de communication défaillants, était devenue inaudible. Tout ce qui avait été patiemment, laborieusement, reconstruit depuis la visite d'Emmanuel Macron en août volait en éclats.

Dans les quarante-huit heures, les médias se sont déchaînés contre la France. Le quotidien gouvernemental *El Moudjahid* dénonça « les milieux haineux et aigris d'avoir définitivement perdu l'Algérie coloniale » de « mener des guerres secrètes contre l'Algérie », et qualifia « la collusion pour soustraire à la justice de son pays une justiciable algérienne condamnée » d'« acte criminel gravissime ».

Le site Algérie patriotique, en notant que « la France n'avait pas changé depuis l'affaire du *Rainbow Warrior* et des frégates de Taïwan », se demanda pourquoi « les services français ne s'étaient pas donné la peine de mener l'opération discrètement », en croyant voir dans « le rôle joué par André Parant, ex-ambassadeur de France à Alger au moment du mouvement Barakat [...] l'implication flagrante de la France dans les manifestations contre le quatrième mandat de Bouteflika ». Dans le fil de l'agence de presse officielle, l'APS, il fut même question du « retour des lobbys de colons qui croient encore au retour de l'Algérie française ». L'ex-ministre Mohamed Bouslimani déclara même que « l'exfiltration illégale d'Amira Bouraoui » avait « fait tomber les masques de la presse française », accusée de « mener une campagne virulente visant à porter atteinte à l'Algérie », en faisant une comparaison avec les années 1990, lorsque « les médias français avaient tout mis en œuvre pour faire tomber l'État algérien en s'en prenant à l'Armée nationale populaire ».

Après enquête, la justice algérienne conclut que la militante était sortie du territoire non pas avec l'aide de la DGSE, de la DST, du Quai d'Orsay, des ambassadeurs de France en Algérie et en Tunisie ou encore des présumés lobbys nostalgiques de l'Algérie française, mais bien grâce à des complicités locales pour lesquelles les accusés ont écopé de peines de prison ferme pour « constitution d'association de malfaiteurs, sortie illégale du territoire national, organisation d'immigration clandestine par un réseau criminel organisé ». Depuis, malgré une réconciliation actée par un coup de fil entre les deux présidents, rien n'est plus comme avant.

D'abord parce que Paris, malgré l'enthousiasme affiché, a été refroidi par la soudaineté et la violence du revirement. Ensuite parce que, en temps de crise comme en temps de normalisation, des dossiers (une reprise plus dynamique des ressortissants illégaux par Alger, un nouvel agrément pour une école française...) qui devraient avancer restent en plan.

Enfin, parce que depuis l'affaire Bouraoui les attaques ont continué. Le matin du 30 mai 2023, plusieurs quotidiens ont paru avec à la une une étrange affaire, prétendument « vérifiée ». Un conclave regroupant des responsables du Mossad israélien et des services de renseignement marocain et français se serait tenu à Tel Aviv, la veille, en vue d'élaborer un plan de déstabilisation de l'Algérie et de la Tunisie, afin de freiner l'offensive économique et diplomatique de la première et d'obliger la seconde à normaliser ses relations avec Israël. Selon l'article, cette opération, portant le nom de code « Loup », prévoyait de cibler les villes d'Alger, Oran, Tizi Ouzou et Béjaïa (Kabylie) en y provoquant « des troubles violents ».

En juillet, l'agence de presse officielle attaqua violemment France 24, qualifiée de « chaîne poubelle », l'accusant de traiter de manière partiale les feux de forêt en Algérie par rapport aux autres incendies du bassin méditerranéen. « Si la France n'a plus de pré carré en Afrique, où elle est chaque jour de plus en plus indésirable, elle doit s'en prendre à son groupe de médias, France Médias Monde, qui sème la haine et incite au chaos », expliquait ainsi l'APS. Et d'assurer que « les Africains qui aspirent à des lendemains meilleurs ne veulent plus d'un autre média qui serait le prolongement de la politique du Quai d'Orsay, comme l'a été à une triste époque la Radio des Mille Collines », référence à la radio qui incita au génocide des Tutsis au Rwanda en 1993-1994.

Fin août 2023, la radio publique « révéla » que les autorités algériennes avaient donné « une suite négative à la demande française de survol du territoire national pour attaquer le Niger », ajoutant : « Selon des sources confirmées, l'intervention militaire serait imminente, tout le dispositif militaire est en place. » Dans la journée, les pays ouest-africains opposés au coup d'État au Niger avaient rejeté l'idée d'une transition de trois ans maximum proposée par les militaires putschistes. L'armée française dut démentir : non seulement il n'y avait aucune velléité d'attaque contre le Niger, mais il n'y avait pas eu, non plus, de demande de survol spécifique de l'Algérie adressée par la France.

Depuis fin 2021, rares sont les propositions françaises pour dépasser les conflits – envoi d'un émissaire pacificateur, partenariat de médias, échanges sur les problématiques migratoires… – qui ont reçu une réponse, positive ou négative. « C'est comme si on prêchait dans le désert. Paris n'attend pas forcément un écho favorable, juste une réponse, un début de dialogue », racontait un témoin de ces efforts menés en coulisses pour renouer le dialogue au moment de la crise de 2022. Au plus fort du mélodrame, plus personne ne voulait parler aux Français, sans même parler de les recevoir.

Les séjours de Jean-Yves Le Drian (ex-ministre des Affaires étrangères) en décembre 2021 et en avril 2022, ou l'entrevue entre Chérif Rahmani et Jean-Pierre Raffarin, éphémères sherpas du bilatéral, au printemps 2023, ont réussi à réchauffer l'atmosphère – et c'est déjà pas mal –, mais structurellement rien n'a changé.

Entre Paris et Alger, la quasi-fermeture des canaux de communication en 2022 – même la coopération sécuritaire, que les aléas politiques n'ont jamais impactée, s'était tarie – a favorisé les incompréhensions des deux côtés. Une absence de réponse à une note verbale était surinterprétée par les Français comme une bouderie, alors qu'en réalité personne ne s'était donné la peine de répondre.

Et la France comme l'Algérie se sont enfermées dans leurs convictions. Ce fut particulièrement flagrant au Mali, où la France, demandeuse d'une aide algérienne, avait du mal à comprendre ce qu'Alger attendait de Paris. Elle croyait que l'Algérie se réjouissait que Wagner la remplace au Mali. Les Algériens défendaient l'idée qu'imposer une solution militaire, quelle qu'elle soit, française ou russe, aggraverait le chaos.

En mai 2023, la venue d'une délégation du Medef avait mal tourné. Alger ayant mal pris les tentatives françaises de ménager à la fois le partenaire algérien historique du Medef (la CAPC, encore associée, pour le pouvoir, aux forces de l'argent ayant prospéré grâce aux Bouteflika) et le nouveau syndicat patronal (le CREA, soutenu par la présidence). Les rendez-vous des entrepreneurs français avec les officiels algériens avaient presque tous été annulés, provoquant un départ anticipé d'un Geoffroy Roux de Bézieux furieux.

L'ex-ministre Abdelaziz Rahabi a une analyse intéressante du dysfonctionnement : selon lui, un mécanisme essentiel s'est cassé. « François Hollande avait réussi quelque chose de très important : il avait fixé un cadre pour les consultations politiques à tous les niveaux, du chef d'État au chef d'état-major, pour ne pas laisser la relation à la merci des conjonctures », explique-t-il en décrivant cette décision comme « un grand tournant de la relation bilatérale », comparable à ce que les Français ont fait avec l'Allemagne.

Il ajoute : « Pour moi, c'est un acte fondateur dans les relations diplomatiques. Pour la première fois, un accord intergouvernemental fixe un cadre et une périodicité aux consultations politiques. Un cadre de solution des crises diplomatiques, pensé aussi comme un cadre de prévention car la consultation est une forme de prévention. Français comme Algériens ont eu tort de ne pas s'en être tenus à ce cadre. »

Même le grand moment que fut « le déjeuner de Zéralda » resta suspendu dans le temps. Ce 26 août 2022, en visite en Algérie, le président Macron avait poussé, avec l'aide d'Abdelmadjid Tebboune, pour rassembler autour de la table décideurs civils, militaires et chefs du renseignement.

La photo restera dans les archives pour le casting des personnalités assises autour d'une table dressée pour le déjeuner dans une des résidences présidentielles de Zéralda. Côté français : Bernard Émié, patron de la Direction générale de la Sécurité extérieure ; Sébastien Lecornu, ministre des Armées ; Emmanuel Macron et le général Thierry Burkhard, chef d'état-major des armées. Côté algérien : le général-major Abdelghani Rachedi (il a été remercié depuis), homologue de Bernard Émié ;

le général-major M'henna Djebbar, patron de la Direction générale de la lutte contre la subversion (depuis dissoute) aujourd'hui devenue DGSE ; Abdelmadjid Tebboune ; Saïd Chengriha, chef d'état-major, et le général-major Djamel Kehal, à la tête de la Direction générale de la Sécurité intérieure. Avec le déjeuner de Zéralda, les Français voulaient montrer qu'entre Paris et Alger tout fonctionne ; les Algériens, que le président civil est accompagné de militaires, ses exécutants.

Mais ni la France ni l'Algérie n'ont su capitaliser sur l'événement. La visite de Saïd Chengriha en France, en janvier 2023, une première en dix-sept ans, a été une réussite. La visite s'est très bien passée, le patron de l'armée a été choyé et, dit-on, touché par la visite organisée aux écoles militaires de Saumur. Mais il n'y a pas eu d'après à la rencontre de Zéralda : pas d'accord de coopération majeur, pas de contrat d'armement, pas de projet significatif en matière d'opérations conjointes en Méditerranée. Et quand des manœuvres conjointes y sont organisées, l'Algérie préfère ne pas en parler.

3

Les contentieux, un monstre à nourrir

Jeudi 8 avril 2021. Alors que la semaine se termine en Algérie, la tension est allée crescendo tout l'après-midi. Il est dix-neuf heures trente quand la nouvelle devient officielle, après plusieurs heures de rumeurs : Matignon annonce par un communiqué que la visite du Premier ministre, Jean Castex, dimanche à Alger, à l'occasion de la 5e session du Comité intergouvernemental de haut niveau franco-algérien (CIHN) – sorte de mini-sommet entre ministres des deux pays, initié en 2012 par François Hollande pour soutenir la coopération bilatérale – est « reportée à une date ultérieure ».

Officiellement, cette décision est intervenue « d'un commun accord entre les autorités algériennes et françaises » en raison du « contexte sanitaire », dit le communiqué. Mais la chaîne privée algérienne Ennahar TV, toujours bien informée, donnait depuis le milieu de l'après-midi une tout autre version de l'histoire : « La visite a été reportée à la demande de la partie algérienne, en raison de ses réserves sur le niveau de la délégation qui ne correspond pas à l'importance de l'événement. »

Au téléphone, un ami algérien qui suit depuis longtemps les hauts et les bas entre la France et l'Algérie commente : « Depuis les années 1990, la relation bilatérale n'a jamais été aussi mauvaise. »

À chaque crise qui suivra, il y aurait en réalité matière à dire la même chose. Est-ce lié aux dossiers de contentieux ? Sans doute pas. Car des sujets de désaccord, il y en a toujours eu. Même sous le mandat de François Hollande (2012-2017), qui aura connu « la période de normalisation la plus longue », pour reprendre les termes d'Abdelaziz Rahabi. La visite du chef de l'État français en Algérie, en 2012, avait été l'occasion d'ouvrir quelques-uns de ces dossiers.

Cette année-là, Français et Algériens s'asseyent à la même table pour examiner un sujet épineux, qui traîne depuis quarante ans : celui des biens immobiliers des Français restés en Algérie après 1962. Ces personnes, physiques ou morales, veulent que l'État les reconnaisse propriétaires. Ce droit d'habiter les lieux, de louer et de vendre passe par l'acquisition d'un livret foncier.

Dans la loi de finances de 2010, l'État a tranché la question en faisant passer tous les biens nationalisés ou vacants dans son giron. « Est nulle toute transaction opérée par les propriétaires initiaux à l'intérieur ou à l'extérieur du pays sur les biens immobiliers dont la propriété a été dévolue à l'État consécutivement à des mesures de nationalisation, d'étatisation ou d'abandon par leurs propriétaires [...] À l'issue du recensement qui doit être engagé par le conservateur foncier, tous les biens non cédés sont immatriculés au nom de l'État et versés au domaine privé de l'État », précise l'article 42. Cela a permis, en quelques années, de nettoyer toutes les fiches foncières où figuraient les noms de personnes étrangères en y apposant un tampon les décrétant « biens de l'État ».

À la charge de ces étrangers de se défendre... Pour prétendre à un statut de propriétaire, les héritiers de l'époque coloniale ayant encore des droits réels sur leurs biens doivent prouver qu'ils n'ont pas été touchés par une déclaration de vacance légiférée dès 1966 qui les transférait à l'État ; qu'ils n'ont pas été nationalisés par ordonnance et décret entre 1960 et 1970 ; qu'ils n'ont jamais cessé de payer les impôts fonciers liés à ces biens, que ce soit au Trésor et à la recette des impôts en cas de revenus locatifs (ceci prouvant la continuité de leurs titres toujours enregistrés audit Trésor) ; qu'ils ont assuré leur bien sis en Algérie auprès d'une compagnie d'assurances algérienne.

Un vrai parcours du combattant. Incongruité de la situation : même si l'État s'est approprié légalement leurs biens en 2010, les héritiers continuent à recevoir… des avis d'imposition foncière. Dans certains cas, la justice s'est prononcée en faveur des Français, mais les décisions de justice n'ont jamais été appliquées.

Les familles ont dénoncé l'amalgame fait entre les biens que leurs familles ont gérés de façon continue depuis l'indépendance et ceux laissés vacants par les Français partis après l'indépendance (et qui les ont de ce fait définitivement perdus), ou ceux que l'État algérien a nationalisés. En vain.

Malgré les engagements signés en 2012 entre les présidents Bouteflika et Hollande, le sujet sur la reconnaissance des droits de ces derniers propriétaires français (il y en avait deux cents au début des années 2000) n'est plus une priorité. Conformément à ces accords, plusieurs rencontres bilatérales ont eu lieu, sans résultat. À ce jour, l'administration foncière mise sur le temps pour décourager les derniers ayants droit.

La visite de François Hollande voit aussi resurgir un dossier de la décennie noire que l'on croyait plus ou moins réglé : l'enlèvement des moines de Tibhirine, dans la nuit du 26 au 27 mars 1996, dans leur monastère isolé de Notre-Dame de l'Atlas, près de Médéa, au sud d'Alger, et leur assassinat. Le rapt des moines avait été revendiqué un mois plus tard par le Groupe islamique armé (GIA) via un communiqué. Le 21 mai, un second communiqué avait annoncé l'exécution des religieux, dont seules les têtes avaient été retrouvées, neuf jours plus tard, au bord d'une route de montagne.

Malgré l'enquête initiale algérienne et une commission d'enquête (2004-2009) ordonnée par Jacques Chirac, qui conclura que les moines ont bien été enlevés par un groupe islamiste armé, beaucoup de questions restent sans réponses sur les circonstances exactes de leur mort. La déclassification de certains documents français de la DGSE, de nouveaux témoignages accusant la sécurité militaire algérienne d'être à l'origine de l'enlèvement et du meurtre, réunis dans le documentaire et dans le livre[1] du

1. *Le Crime de Tibhirine, Spécial Investigation*, 19 septembre 2011, Canal+, CNC, et *Le Crime de Tibhirine*, Paris, La Découverte, coll. « Cahiers libres », 22 septembre 2011.

journaliste Jean-Baptiste Rivoire, ou encore les révélations de l'ancien attaché militaire de l'ambassade de France à Alger, le général François Buchwalter, sur une possible « bavure » de l'armée algérienne, avaient entraîné la réouverture du dossier en 2012.

Il faudra quand même deux ans à Marc Trévidic, le juge d'instruction du Pôle antiterrorisme au tribunal de grande instance de Paris, pour obtenir d'Alger l'autorisation de venir en Algérie, avec une autre juge, Nathalie Poux, et cinq experts, pour procéder à l'exhumation des crânes des sept moines, à leur identification ADN, à leur autopsie, et entendre une vingtaine de témoins. À l'époque, les Algériens bloquent, estimant qu'ils n'ont plus rien à dire sur l'affaire, et regardent l'enquête française comme une énième manœuvre de cercles parisiens hostiles à la relation bilatérale. Jusqu'en juin 2016, les autorités algériennes refuseront que les prélèvements effectués sortent d'Algérie. Le 29 mars 2018, le rapport d'autopsie confirmera que les décapitations ont eu lieu post mortem et que les moines ont été égorgés, non pas tués par balles.

Alors que le sujet était apparemment clos, en plein Hirak, les familles des sept moines ont sollicité auprès des juges d'instruction parisiens l'audition du président déchu algérien,

Abdelaziz Bouteflika, et de l'ancien chef des services de renseignement, le général Toufik, en prison à ce moment-là. Dans une lettre datée du 21 juin 2019, l'avocat des familles qui s'étaient portées parties civiles, Me Patrick Baudouin, s'appuyait sur « l'évolution de la situation politique en Algérie » pour demander aux magistrats de délivrer une nouvelle commission rogatoire internationale afin qu'Abdelaziz Bouteflika, « sous réserve que son état de santé le permette », et Mohamed Mediène, alias le général Toufik, puissent être entendus « le plus rapidement possible ». Me Baudouin soulignait dans cette lettre que « le défaut de coopération de la part des autorités algériennes n'[avait] pas permis jusqu'à présent de recueillir tous les éléments d'information nécessaires sur les conditions de l'enlèvement, de la détention et de l'exécution des moines de Tibhirine », notamment sur « les actions des services de renseignement et de sécurité ». Selon l'avocat, le président Bouteflika avait déclaré en avril 2004 sur LCI que « toute vérité [n'était] pas bonne à dire à chaud ». Le président algérien avait même ajouté à l'époque : « Nous venons de sortir d'une guerre civile, et lorsque je connaîtrai la vérité je vous la communiquerai. »

Cette demande est restée lettre morte…

Autre sujet d'irritation : les essais nucléaires dans le Sahara. Après la visite de Nicolas Sarkozy en Algérie, en 2007, un groupe de travail franco-algérien avait été mis en place pour expertiser les sites nucléaires, établir un état des lieux quant à leur dangerosité et un diagnostic pour leur décontamination. En 2011, soit quatre ans plus tard, le groupe sur la décontamination et la réhabilitation des sites avait entamé ses travaux, mais celui chargé de l'indemnisation des victimes ne s'était toujours pas réuni.

Après la loi française du 5 janvier 2010, ou loi Morin, sur la reconnaissance et sur les indemnisations des victimes des essais nucléaires français en Algérie et en Polynésie, certains dossiers concernant des cas algériens ont été déposés. À l'été 2020, une étude[1] relevait que, si soixante-quinze propositions d'offre d'indemnisation avaient été faites auprès de victimes civiles et militaires ayant séjourné en Algérie durant la période des essais, une seule victime habitant en Algérie avait reçu une indemnisation en près de dix ans. Le 4 juillet 2021, le ministre des

1. Fondation Heinrich-Böll, *Sous le sable, la radioactivité ! Les déchets des essais nucléaires français en Algérie : analyse au regard du traité sur l'interdiction des armes nucléaires*, juillet 2020, https://www.boell.de/sites/default/files/2020-07/Collin-Bouveret-2020-Sous-le-sable-la-radioactivite.pdf.

Moudjahidine, Tayeb Zitouni, avait dénoncé le refus de la France « de remettre les cartes topographiques qui permettent de déterminer les lieux d'enfouissement des déchets polluants, radioactifs ou chimiques non découverts à ce jour ». « La partie française n'a mené techniquement aucune initiative en vue de dépolluer les sites, et la France n'a fait aucun acte humanitaire en vue de dédommager les victimes », avait fustigé le ministre. Il avait également indiqué que la partie française « insist[ait] encore sur le fait de traiter le dossier des essais nucléaires dans le plus grand secret, en dépit des nombreuses tentatives de juristes et d'associations de victimes des essais nucléaires français en Algérie, qui ont œuvré à ouvrir l'archive, propriété des deux pays, au moins pour déterminer les sites et le champ d'essais ».

En avril de la même année, le chef d'état-major de l'armée algérienne, Saïd Chengriha, avait demandé à son homologue français, le général François Lecointre, son soutien « pour la prise en charge définitive des opérations de réhabilitation des sites de Reggane et d'In Ekker, ainsi que [son] assistance pour [lui] fournir les cartes topographiques permettant la localisation des zones d'enfouissement, non découvertes à ce jour, des déchets contaminés, radioactifs ou chimiques ». Le sujet devra, tôt ou tard, être abordé lors d'une rencontre bilatérale au plus haut niveau.

Autre dossier à même de polluer la relation de manière saisonnière : celui de la « dette algérienne » envers les hôpitaux français. Dans le cadre d'une convention bilatérale de sécurité sociale, la France reçoit des patients algériens dont les pathologies nécessitent des soins dans des services français. Il ne s'agit pas de médecine d'urgence mais d'une prise en charge organisée au préalable, sur avis médical. À charge, en principe, pour l'Algérie d'honorer les factures.

Le 18 décembre 2017, les députés français ont voté une loi prévoyant que les patients algériens dont la prise en charge en France est déjà fixée règlent leurs soins à l'avance. Dans les textes, après un vote au Sénat, il existerait un système de concertation étroit entre l'État algérien et les hôpitaux français pour éviter que s'accumulent des créances et des situations contentieuses. En avril 2018, l'ambassadeur Xavier Driencourt provoqua la colère des autorités algériennes en déclarant à la presse, lors de l'inauguration d'un nouveau centre de traitement des visas, que « des hauts fonctionnaires algériens ou même des politiques algériens trichaient en s'installant frauduleusement en France, en faisant venir leur famille sur la base d'un seul visa de tourisme ou en laissant des ardoises dans nos hôpitaux ». Le diplomate fut convoqué au ministère algérien des Affaires étrangères pour « s'expliquer » sur ses propos et un communiqué avait été publié dans la foulée, regrettant que « l'ambassadeur [ait], de nouveau, montré une propension à étaler publiquement devant les médias des appréciations inopportunes, peu amènes et inacceptables ».

Dans son livre[1], l'ancien ambassadeur relève que la dette hospitalière est devenue « centrale dans les relations consulaires », ajoutant : « À côté de la dette hospitalière publique [qui résulte d'un accord entre les caisses de sécurité sociale des deux pays] existe une dette hospitalière dite "privée" qui résulte simplement du détournement du visa touristique à des fins médicales. » Selon l'ex-diplomate, un quart des 80 millions d'euros de la dette privée de l'AP-HP (Assistance publique-Hôpitaux de Paris) seraient détenus par l'Algérie (hors AME, l'aide médicale de l'État).

1. *L'Énigme algérienne. Chroniques d'une ambassade à Alger 2008-2012 ; 2017-2020*, Paris, Éditions de l'Observatoire, 2022, p. 196.

Au Sahel, des divergences de points de vue et d'intérêts

Depuis 2013 – et le lancement de l'opération Serval, qui marque le début de neuf ans de présence française au Mali – pas une année ne s'est passée sans qu'Alger n'ait manifesté publiquement son désaccord avec Paris sur la stratégie à mener au Sahel. L'intervention militaire française ? Elle ne peut que retarder le chaos. L'argument français du « nettoyage » des djihadistes ? Contre-productif, en particulier dans une région où tout est affaire de pauvreté et de développement. Le désengagement ? Il va de nouveau laisser le terrain libre aux terroristes.

Dans un entretien au *Figaro* en février 2020, Abdelmadjid Tebboune n'avait laissé place à aucune ambiguïté : « Si on nous avait laissés faire, il y a longtemps que le problème malien aurait été réglé [...] Mais la France officielle a voulu régler le problème militairement. Nous nous sommes retirés et voyez ce qui se passe sur le terrain. Les solutions militaires n'ont jamais réglé les problèmes, bien au contraire, dans notre cas elles compliquent les situations et servent d'appel d'air aux terroristes. »

L'Algérie prône, comme sur tous les théâtres de conflits du continent, une voie politique et « des solutions africaines aux problèmes de l'Afrique ». L'accord d'Alger de 2015 en est une parfaite illustration. Il prévoyait un désarmement des groupes rebelles, une décentralisation et un soutien au développement du Nord, pour la réunification du pays, et des « formes d'assistance », comprendre : une aide aux armées locales à leur demande, notamment via la formation.

Le discours du président Tebboune sur cette France qui n'aurait pas pris le temps d'écouter les responsables algériens et aurait ignoré l'approche algérienne de la question sécuritaire au Mali et au Sahel a deux niveaux de lecture.

Le premier, historique, se rapporte à une vieille méfiance algérienne nourrie par l'influence française dans la région au tournant des décolonisations. L'implication directe de l'Algérie dans le conflit de l'Azawad date du début des années 1960. Alger a déjà l'ambition de « couper court aux velléités néocolonialistes qui menacent l'intégrité territoriale des pays indépendants » issus de la décolonisation. Les Algériens ont toujours secrètement considéré que l'action extérieure française au Sahel était dirigée contre leurs intérêts stratégiques. Au Mali, les « contacts » que la diplomatie française maintenait avec les Touaregs du Nord-Mali ont longtemps été perçus comme « un travail de la DGSE » dans le septentrion malien, autrement dit une menace. Le soutien de Paris à l'accord de paix d'Alger n'a pas fait disparaître totalement cette méfiance.

Le deuxième niveau de lecture est géostratégique. Il est lié au fait que la France a toujours été en situation de court-circuiter toute initiative algérienne d'élaborer un cadre géosécuritaire impliquant son leadership dans la région. Le G5 Sahel, créé en février 2014 suivant l'impulsion forte de Paris, reste lu jusqu'à aujourd'hui par Alger comme un barrage à son entreprise de lancer en 2010 le Comité d'état-major opérationnel commun (CEMOC, qui regroupe l'Algérie, le Mali, le Niger et la Mauritanie) et l'Union de fusion et de liaisons (UFL, qui regroupe ces pays plus le Burkina Faso, la Libye, le Tchad et le Nigeria).

Dans les faits, assure une source militaire française, « Paris et Alger ont toujours été alignés. Depuis le début ». L'idée, cultivée, d'un malentendu serait liée à la distorsion entre le discours officiel et la réalité. « Tant que nous étions au Mali – et les Algériens ont tout fait pour qu'on y soit –, on était un point de cristallisation du terrorisme à l'extérieur de l'Algérie. Si les Algériens avaient été contre, ils n'auraient pas autorisé un survol militaire toutes les six heures… »

Après tout, que l'Algérie ait en secret soutenu Serval puis Barkhane, et ait même manifesté au plus haut niveau son opposition au retrait français, n'aurait rien d'illogique. Car le Mali, pays avec lequel elle partage mille cinq cents kilomètres de frontière, n'est pas un voisin comme les autres.

Entre les deux pays, les groupes ethniques et les tribus ont, depuis toujours, l'habitude de s'entremêler : ils commercent, se déplacent pour travailler, se marient, parlent les mêmes langues (l'arabe et le tamasheq, la langue des Touaregs), ont la même religion. Les Algériens ont pour habitude de dire que les relations entre le sud du pays et le nord du Mali sont telles que tout ce qui se passe de l'autre côté de la frontière les touche aussi. Trois mois après le début de la nouvelle rébellion touarègue, en janvier 2012, plus de trente mille réfugiés maliens étaient passés de l'autre côté de la frontière, selon le ministère de l'Intérieur algérien, pour trouver asile chez des parents installés en Algérie.

Les Touaregs algériens se sentent, eux, très algériens. À de Gaulle qui leur proposait une partition du Sahara, ils avaient déjà dit non. À Kadhafi qui tentait de les monter contre Alger pour former un grand État touareg, ils avaient aussi dit non. L'autonomie n'a jamais figuré dans leur agenda. Au contraire, les Touaregs algériens se plaignent de ne pas être assez associés à la vie politique.

Il faut regarder ce que le Mali représente sur un échiquier plus global, celui de la sous-région. Pragmatiques, les Algériens ont la conviction qu'en politique étrangère l'implication des États est en grande partie déterminée par la géographie. Or, des six pays avec lesquels ils partagent une frontière commune, aucune n'est stable, y compris celle avec le Maroc, fermée depuis 1994, très surveillée par l'armée et sujette à d'imprévisibles micro-conflits.

À l'image du drame qui éclata quand, en février 2021, une trentaine de fermiers marocains de Figuig (extrémité est du Maroc) ont traversé la frontière pour rejoindre des terres de palmiers dattiers dans la petite oasis d'El Arja, située en Algérie, à une centaine de kilomètres au nord-est de Béchar, terres qui leur appartenaient avant les frontières coloniales.

Le tracé de la frontière n'a jamais posé aucun problème ni au Maroc ni à l'Algérie, qui l'ont reconnu auprès de l'ONU en 1972. Mais Rabat a fait valoir que selon une convention signée en 1901 entre le royaume du Maroc et les autorités coloniales françaises en Algérie, et reconduite en 1972, les Figuiguis (habitants de la ville de Figuig) et les tribus Amour de la région avaient le droit d'exploiter les terres en question, même en Algérie.

Sur le terrain, les militaires algériens ne s'étaient jusque-là jamais opposés à leurs allées et venues, même lorsqu'en 1994 les deux pays ont fermé la frontière terrestre. Mais subitement Alger donna trois jours aux fermiers pour partir. L'ultimatum fut porté à un mois après négociations. À l'origine de ce revirement : des explosions sur la zone. La version marocaine évoqua une campagne de déminage, la version algérienne une opération pour élargir les exploitations et clôturer les terres. Un haut gradé expliqua aussi au quotidien *El Watan* que les trafiquants utilisaient par ailleurs la route pour introduire du haschich marocain en Algérie et qu'il fallait y mettre fin. Les fermiers ont finalement été expulsés et Rabat leur promit un dédommagement financier.

Avril 2018, même région, autre crise. Le Maroc accusa l'Algérie d'avoir expulsé vers sa frontière une quarantaine de réfugiés syriens « dans une situation très vulnérable », pour provoquer des troubles et « générer un flux migratoire incontrôlable ». Les autorités algériennes avaient, de leur côté, annoncé leur intention d'accueillir ces réfugiés à titre « humanitaire » ; une opération qui n'avait finalement pas eu lieu, malgré le déplacement à la frontière d'une délégation du Haut-Commissariat aux réfugiés (HCR) et du Croissant-Rouge algérien (CRA). L'Algérie ne voulait les récupérer que par le passage de Beni Ounif, un poste frontalier fermé, pour montrer que le Maroc était bien en train de les expulser. Bien sûr, Rabat s'y opposait. Résultat : pendant deux mois, les réfugiés, parmi lesquels se trouvaient des enfants et une femme enceinte, se sont retrouvés bloqués à la frontière, dans une zone désertique sans avoir accès à l'oasis voisine, au milieu des scorpions et des serpents, sous des températures dépassant les 40 °C.

Les habitants de la région, à qui les autorités des deux pays avaient interdit d'entrer en contact avec les réfugiés, se débrouillaient pour leur livrer des rations alimentaires et de l'eau, via les passeurs de la frontière. Les habitants de Figuig, ne supportant plus de savoir les ressortissants syriens en train de mourir à côté d'eux, avaient même réussi à en transférer quelques-uns du côté marocain. Mais un groupe a été rattrapé dans la nuit et renvoyé dans le désert. Malgré la pression d'associations marocaines et d'ONG qui dénonçaient « les traitements inhumains et dégradants infligés par les autorités des deux pays pour des motifs territoriaux, au mépris de leurs obligations légales et morales », Rabat et Alger s'opposèrent à l'ouverture d'un couloir humanitaire. En juin, le Maroc céda et s'engagea à accueillir les réfugiés.

Sous tension depuis la guerre des Sables en 1963, c'est à l'ouest, à la frontière avec le Maroc, que se cristallise l'insoluble conflit sur le statut du Sahara occidental, lequel, depuis la normalisation des relations diplomatiques du Maroc avec Israël fin 2020, a fait virer la crise de rouge à carmin.

Rabat considère le territoire comme le sien, « le prisme à travers lequel le Maroc considère son environnement international », pour reprendre les mots du roi Mohammed VI. Et depuis la reconnaissance, en décembre 2020, de sa souveraineté sur le Sahara occidental par les États-Unis (obtenue en échange de la normalisation avec Israël), Rabat a musclé sa diplomatie en engageant un bras de fer avec ses partenaires européens : l'alignement sur la politique de Washington en échange d'une maîtrise des flux migratoires. Un levier efficace, qui a déjà fait plier Madrid et Berlin, désormais soutiens officiels d'un plan d'autonomie du Sahara occidental sous souveraineté marocaine. L'Algérie, elle, demande que les Sahraouis s'expriment sur leur statut, via un référendum d'autodétermination.

En parallèle, le Maroc a aussi haussé le ton sur le terrain : depuis 2018, des incursions militaires marocaines dans la zone tampon de Guerguerat, à la frontière avec la Mauritanie, montrent que le cessez-le-feu en vigueur depuis 1991 n'est plus respecté.

Officieusement, Rabat a menacé Alger par canal diplomatique d'une intervention militaire au Sahara occidental si les forces sahraouies ne se retiraient pas de la zone située à l'est du mur de défense. Même si ni Alger ni Rabat ne veulent une guerre ouverte, la course à l'armement entre les deux pays, la rupture des relations diplomatiques, la fermeture du ciel, la guerre diplomatique dans les couloirs de l'ONU ont fait que, depuis cinq ans, la situation à la frontière ouest s'est clairement détériorée.

À l'est, la Tunisie, fragilisée depuis vingt ans par l'expansion d'Al-Qaïda au Maghreb islamique (AQMI), les bouleversements politiques qui ont suivi la révolution de 2011, le chaos en Libye, et maintenant une crise économique si aiguë qu'elle menace l'État de faillite, est aussi une source de préoccupation majeure.

Les militaires algériens surveillent avec attention la situation à la frontière (quelque huit cents kilomètres). De chaque côté, d'imposants massifs montagneux aux replis inaccessibles et d'épaisses forêts qui ont, pendant la guerre d'indépendance contre la France, abrité les révolutionnaires algériens, ont aussi, ces dernières années, servi de refuge idéal pour les katibates (phalanges) d'AQMI. Là, alimentés par les armes en provenance de Libye, depuis un terrain qu'ils ont eux-mêmes miné, ils se sont servis des reliefs comme chemins de traverse entre l'Algérie et la Tunisie, et de carrefour de transit avec le Sahel.

Démunie face à la menace djihadiste, la Tunisie a appelé à la rescousse les militaires algériens, mieux équipés et plus expérimentés dans la lutte antiterroriste. Depuis 2013, les deux pays, historiquement très unis, ont réanimé de vieux accords économiques et sécuritaires endormis et ont multiplié les rencontres.

Aujourd'hui, le niveau de coopération, formelle et informelle, est toujours très soutenu, de commandant à commandant, de secteur à secteur, de douanier à douanier, de policier à policier. Et cela s'explique par le fait que les terroristes encore actifs – soit environ deux cents hommes, affiliés notamment à la katiba al-Khadra du chef d'AQMI, Abou Obeida Youssef al-Annabi – se trouvent dans la région de Tébessa et de Khenchela. Ce sont des montagnes très difficiles d'accès, on y voit venir les ratissages de loin et certains endroits permettent de glisser vers la Tunisie.

Toujours à l'est, après la chute de Mouammar Kadhafi, la Libye a aussi mobilisé d'importantes ressources sécuritaires algériennes : la frontière sud-est, sorte de « ventre mou » peu peuplé, désertique et infini (près de mille kilomètres), est par définition difficile à contrôler.

Pour Alger, qui a mis du temps à reconnaître le Conseil national de transition (CNT), les bouleversements sur la scène politique libyenne à partir de 2011 ont été compliqués à gérer. Les autorités ont d'abord été accusées d'« ambiguïté », surtout pour leur soutien au clan Kadhafi. Aïcha, la fille du guide libyen, avait trouvé refuge en Algérie, où elle avait accouché avant sa fuite et d'où elle avait qualifié le CNT de « traîtres ». Alger se rangera finalement à l'avis de l'Union africaine en acceptant des relations « officielles » avec les autorités de transition libyennes.

L'Algérie jouera un temps le rôle de médiateur entre les nombreux acteurs libyens. La Libye est un terrain qu'elle connaît – ou plutôt connaissait – bien. Dès la guerre de libération, elle a entretenu avec sa voisine de très bonnes relations, servant de base logistique pour l'armement de l'Est algérien. Certaines personnalités féodales entretenaient même des liens avec les révolutionnaires, en grande partie parce que Idriss Senoussi, le roi de Libye (1951 à 1969), était d'origine algérienne (par son grand-père, Mohammed ben Ali El-Senoussi, né près de Mostaganem). Et puis les familles touarègues des deux côtés des frontières ont toujours été entremêlées. Si bien que les Algériens sont restés longtemps les seuls à pouvoir intervenir pour apaiser les tensions lors des affrontements entre les milices touarègues et touboues dans le sud de la Libye. L'Algérie a ensuite cultivé d'autres réseaux. De l'époque où il y exerça en tant qu'attaché militaire, dans les années 1970, le général Toufik, ex-patron du DRS (Département du renseignement et de la sécurité), avait gardé de très bonnes relations à la fois avec les pro-Kadhafi et avec les opposants au leader déchu, un réseau jugé très utile, du moins dans les années 2010.

Alger suivait notamment les groupes islamistes et certaines figures, comme l'ancien chef rebelle Abdelhakim Belhadj. Le leader du parti tunisien Ennahdha, Rached Ghannouchi, un ami de l'Algérie, où il s'était exilé à la fin des années 1980, aurait beaucoup aidé Alger dans la lutte contre le terrorisme. L'objectif inavoué, soutenu par le Qatar et la Turquie, visait à affaiblir les groupes extrémistes en appuyant le rôle des Frères musulmans et des groupes salafistes non djihadistes.

Mais au fil des années le rôle d'Alger s'est dévitalisé au profit des alliances imposées par les puissances ayant cultivé leur influence économique et militaire dans la région, en particulier la Russie et la Turquie. En 2016, jusqu'à cinquante mille hommes (gendarmes, gardes-frontières et soldats), selon des sources sécuritaires, avaient été déployés à la frontière, appuyés par une importante armada d'avions, d'hélicoptères et de drones.

Depuis la prise d'otages d'In Amenas, en 2013, qui a eu pour conséquence un renforcement des effectifs militaires, le niveau d'alerte est resté le même. Comme à la frontière avec le Mali, la construction d'un « mur » de sable entouré de douves, le long d'une partie de la frontière, a permis d'alléger l'effectif humain.

Le Mali, un faux contentieux qui finit sur un vrai désaccord

Le dossier malien est aussi un sujet existentiel aux yeux d'Alger, en raison de la répartition des groupes ethno-linguistiques sur le tracé des frontières dessinées en 1884-1885 : depuis le Nord-Est marocain en descendant vers la Mauritanie, le Mali, le Niger, et en remontant vers le nord de la Tunisie et de la Libye, les frontières coupent littéralement ces groupes linguistiques.

Si un jour le Sahara occidental gagnait son indépendance, cela ferait jurisprudence : les peuples sahariens entre l'Atlantique et la mer Rouge, de Dakhla à Port-Soudan, pourraient à leur tour réclamer la leur. Pourquoi les Reguibat auraient-ils le droit de constituer une nation et pas les Darfouris, les Toubous et… les Touaregs ? Dit autrement, la création d'un peuple sahraoui pourrait menacer toute la cohésion de l'Azawad, territoire désertique qui va du nord du Mali au nord du Niger, par l'Aïr et le Ténéré, qui s'étend plus au nord vers le Fezzan et tout le grand Sud-Est de l'Algérie.

L'Algérie, comme le Maroc d'ailleurs, n'aurait donc aucun intérêt à voir la situation au Sahara occidental stabilisée. Les Algériens ont une conscience aiguë des dangers potentiels de cette interconnexion des peuples sahariens, et de la très grande proximité humaine entre les populations touarègues et arabes, artificiellement séparées par le découpage administratif. « Tout ce qui touche aux intérêts maliens touche également à ceux de l'Algérie », dit une doxa diplomatique.

Les autorités algériennes savent aussi qu'au risque de déstabilisation par les populations se greffe un autre risque. Depuis la dernière crise dans le nord du Mali, en 2012, qui a vu se soulever les groupes armés indépendantistes touaregs puis djihadistes, les militaires – y compris les services de renseignement – n'ont jamais écarté le scénario d'un « Sahélistan » à la frontière.

Miné par la politique de réconciliation nationale et combattu sans relâche par l'armée, le terrorisme islamiste en Algérie a depuis les années 1990 beaucoup reculé. Des trente-sept mille hommes dans les maquis en 1992 (chiffres du ministère de l'Intérieur), il n'en resterait qu'une centaine (sources sécuritaires), localisés dans quatre régions : le centre (Kabylie), le Nord-Constantinois, la région de Batna (Aurès) et celle du Sud (de Tébessa à Djelfa).

La disparition des zones rouges occupées par les terroristes, l'incapacité de ces derniers à mener des attentats dans les grandes villes et les lois amnistiantes ont entraîné une réelle démobilisation des forces. Dans la bouche des politiques, un concept revient de manière récurrente depuis la fin des années 1990 : celui de « terrorisme résiduel ». Il recouvre aujourd'hui une réalité : la génération qui a donné les chefs djihadistes formés en Afghanistan et/ou aguerris au terrorisme pendant la décennie noire n'est plus en mesure d'en fournir. Les plus connus d'entre eux ont été soit arrêtés (Hassan Hattab, Abderrezak El Para), soit tués. Al-Qaïda au Maghreb islamique, qui concentrait les dernières figures algériennes du djihad au début des années 2000, a perdu quasiment tous ses leaders. Abou Obeida Youssef al-Annabi est un des derniers vétérans du Groupe salafiste pour la prédication et le combat (GSPC) encore en vie.

Nabil Sahraoui, fondateur du GSPC, a été éliminé en 2004 en Kabylie par l'armée algérienne. L'armée française a, pour sa part, éliminé Abou Zeid, tué en 2013, Djamel Okacha, en 2019, et Abdelmalek Droukdel – dont la disparition a acté la fin d'AQMI –, en 2020. Mokhtar Belmokhtar, visé par une frappe aérienne menée par la France dans le sud-ouest de la Libye, est quant à lui présumé mort. Son corps n'a pas été retrouvé, mais on sait qu'il avait été gravement blessé par cette frappe et il n'a pas réapparu depuis.

Depuis les années 1990, la disparition de la trentaine d'émirs venus du GSPC, à l'origine de sa création, a profondément modifié la structure d'AQMI. Et alors que ses effectifs étaient, au début des années 2000, essentiellement algériens, les Maliens et les Mauritaniens représentent aujourd'hui la quasi-totalité des combattants.

Si ces bouleversements sont liés à l'évolution de la nature du terrorisme, ils sont aussi à mettre sur le compte de la politique d'endiguement menée par Alger au début des années 2000, visant à éloigner la menace vers le Sahel. Les groupes armés du nord du pays, harcelés par les opérations militaires et coupés de la population, se sont repliés vers cette zone sahélienne de non-État, où les prises d'otages, les trafics en tous genres ont permis à « l'émirat du Sahara » d'AQMI de devenir un acteur important dans la région. Ce territoire représentait un vaste rectangle, allant du centre-est de la Mauritanie jusqu'à l'est du Niger en passant par le nord du Mali et le Sud algérien.

Alors qu'Alger pensait que la solution consistait à éloigner la menace au-delà de ses frontières, c'est exactement le contraire qui s'est produit. Avec l'effondrement de la Libye du colonel Kadhafi et la prolifération des groupes djihadistes-contrebandiers surarmés au Sahel, un nouveau front s'est ouvert, complètement incontrôlable, de tout l'est de la Mauritanie jusqu'au Soudan, avalant maintenant tout le Mali, le Burkina Faso, une partie du Tchad et du Nigeria, et même la République centrafricaine.

L'opération spectaculaire contre le complexe gazier de Tiguentourine à In Amenas en janvier 2013, en démontrant que la frontière n'est plus une protection, fut par exemple pour certains militaires le « pire » résultat de cette politique d'endiguement. Cette attaque avec prise d'otages massive, menée par un groupe de combattants parti de la frontière libyenne après un long cheminement depuis le nord du Mali, a provoqué une onde de choc dans l'armée algérienne, pourtant rodée par vingt ans de guerre asymétrique contre le terrorisme. Au point que le débat a été relancé, au sein de l'Armée nationale populaire (ANP) et des services spéciaux, autour de l'adaptation de la doctrine algérienne en matière de respect des frontières et des tabous concernant l'intervention dans un pays frontalier.

« Pour l'Algérie, la présence de la France au nord du Mali était une sécurité et un point de cristallisation. Au lieu de penser à unifier l'Azawad ou à mener des attaques en Algérie, les terroristes étaient focalisés sur la lutte contre les Français », assure une source militaire française. Et quand, en octobre 2021, Alger décide de suspendre l'autorisation aux avions militaires français de survoler le territoire algérien afin de rejoindre le nord du Mali, accordée par Abdelaziz Bouteflika en 2013, c'est bien, selon cette même source, « pour manifester son mécontentement face à la fin de l'opération Barkhane », et pas seulement en réaction aux propos d'Emmanuel Macron sur « le système algérien ».

Pour le Niger, le désaccord entre Paris et Alger n'est pas seulement un différend de façade. Le 30 juillet 2023, quatre jours après un coup d'État mené par les membres de la garde présidentielle du Niger, la Communauté économique des États de l'Afrique de l'Ouest (CEDEAO) donna sept jours aux putschistes pour infléchir le cours des choses avant de devoir gérer une possible intervention militaire. Un scénario inenvisageable pour Alger. Dans les médias algériens, un refrain revenait en boucle sur une tonalité dramatisante : « La France, qui a menacé les militaires nigériens de mener une opération militaire s'ils ne libéraient pas le président Bazoum, va mettre ses menaces à exécution. » Et les Affaires étrangères algériennes de marteler : « Avant que l'irréparable ne soit commis et avant que la région ne soit prise dans l'engrenage de la violence, dont nul ne peut prédire les conséquences incalculables, l'Algérie appelle toutes les parties à la retenue. »

Sur les réseaux sociaux – un terrain où les trolls algériens ont clairement le dessus sur les voix officielles françaises –, des fake news laissaient entendre qu'Alger avait interdit le survol de son territoire aux avions français. Jamais les médias officiels ne se sont joints à ces allégations. Ils plaidaient officiellement pour un rétablissement de Bazoum et une solution « africaine ».

Ce n'est pas juste une question de dogme. Une instabilité au Niger mettrait la pression sur l'armée, déjà fort occupée sur les autres frontières. Les zones nigériennes frontalières de la Libye et de l'Algérie, vastes étendues désertiques, ne sont généralement pas ciblées par les djihadistes, mais sont des corridors pour le trafic de migrants, d'armes et de drogues.

Le Niger constitue la principale porte d'entrée de l'immigration illégale en provenance d'Afrique subsaharienne. Tant bien que mal, depuis 2013, l'Algérie organise, en collaboration avec Niamey, des opérations encadrées par le Croissant-Rouge de rapatriement des migrants nigériens, qui, souvent, remontent dans le nord de l'Algérie. Rares sont les médias algériens qui en parlent, mais un rapport de l'ONU et de l'Organisation internationale pour les migrations (OIM), publié fin juin 2023, s'est inquiété d'une « situation humanitaire critique », révélant que depuis le début de l'année plus de neuf mille migrants, originaires d'une dizaine de pays africains, étaient arrivés dans le nord du Niger après avoir été refoulés d'Algérie.

En 2021, Alger et Niamey ont signé un accord sécuritaire prévoyant, entre autres : le jumelage des écoles de police de Tamanrasset et de Niamey ; celui de la wilaya (préfecture) d'In Guezzam (frontière sud de l'Algérie) avec la région d'Agadez (nord du Niger). Les deux pays ont par ailleurs mis en place un groupe de travail afin de coordonner la sécurisation des zones frontalières, la lutte contre l'émigration clandestine et contre la criminalité sous toutes ses formes. Les braquages et autres attaques contre des orpailleurs sont devenus fréquents dans la région d'Agadez, où des actes de banditisme persistent depuis la fin des deux rébellions touarègues (1991-1995 et 2007-2009), alimentés par l'effondrement de l'État libyen. Face au chaos en Libye, une réunion entre les chefs d'état-major de l'Algérie, du Mali, du Niger et de la Mauritanie, à Bamako, avait permis, en 2011, de réactiver cette coopération dans le cadre du CEMOC, la structure militaire regroupant, on l'a dit, les forces armées de plusieurs pays du Sahel sous l'égide de l'Algérie.

Le Niger n'est pas un partenaire économique majeur de l'Algérie – les échanges entre les deux pays n'atteignaient même pas, en 2022, les 600 millions de dollars –, tout en étant son troisième client en Afrique, derrière la Tunisie et la Côte d'Ivoire, pour les exportations hors hydrocarbures. Avant le putsch, Alger y finançait notamment des projets de développement dans l'espoir de retrouver un peu de l'influence qui était la sienne sur le continent dans les années 1970, à l'apogée des mouvements de libération… et de contrer celle, grandissante, du Maroc.

Ces dix dernières années, les deux voisins rivaux ont connu des dynamiques contraires qui pour l'instant profitent objectivement davantage au Maroc.

Alors que la politique de renforcement des liens économiques menée par Rabat auprès de nombreux pays africains – essentiellement en vue de les rallier à sa cause sur le dossier du Sahara occidental – a permis au Maroc un véritable redéploiement diplomatique, l'Algérie a perdu en influence. En cause notamment : sa neutralité au moment des soulèvements arabes de 2011, sa position vis-à-vis de la Syrie (elle a toujours plaidé pour son retour dans la Ligue arabe) et le déclin de sa diplomatie depuis l'accident de Bouteflika en 2013.

Le Maroc, lui, ne compte plus les victoires. Le rapprochement entre Rabat et Abuja dès 2016, qui s'est concrétisé par des accords de coopération majeurs en 2018, a été lu comme le début d'une reconfiguration géopolitique régionale importante. Le Nigeria a toujours été considéré comme l'un des trois pays – avec l'Algérie et l'Afrique du Sud – formant un « axe hostile » au Maroc, du fait de leur soutien au Front Polisario. Début 2024, le Maroc et le Nigeria ont évoqué avec enthousiasme la progression du projet de gazoduc. Le pipeline, qui longera la côte ouest-africaine en traversant treize pays africains, permettra de connecter le continent africain – via le Maroc – à… l'Europe.

En 2017, le retour du Maroc dans l'Union africaine (il l'avait quittée en 1984 pour protester contre l'admission de la République arabe sahraouie démocratique), malgré la requête de l'Algérie et de ses alliées pour l'en empêcher, fut un coup dur pour Alger.

En 2020, la surenchère entre Alger et Rabat pour le titre de médiateur dans la crise en Libye, un pays pour lequel l'Algérie pouvait se vanter d'avoir les réseaux et l'expertise, s'est soldée par une « victoire » du Maroc. L'accord signé en 2015 à Skhirat, petite ville balnéaire située entre Rabat et Casablanca, est reconnu par l'ONU comme « l'unique cadre de reconnaissance de la situation en Libye ». Il est encore considéré comme texte de référence dans toute solution politique.

Pour la petite histoire : en 2017, Alger avait finalement refusé d'accueillir un sommet algéro-tuniso-égyptien devant aboutir à la signature d'un nouvel accord pour remplacer celui de Skhirat. Les rumeurs rapportaient à l'époque une divergence entre Alger et Le Caire sur la présence des islamistes à la table des négociations, une condition sine qua non pour l'Algérie, alors que l'Égypte refusait de les inclure au jeu politique.

Déterminée à combler le vide laissé entre 2013 et 2019, l'Algérie a voulu développer une diplomatie plus affirmée, entre principes et réalisme politique. Alors qu'elle avait réussi à maintenir une équidistance entre les concurrents régionaux (Turquie, Qatar, Arabie saoudite, Égypte et Émirats) tout en entretenant de bonnes relations avec les États-Unis, l'Union européenne, la Russie et la Chine, sa politique extérieure est devenue plus radicale. Après la rupture diplomatique avec le Maroc, en 2021, la quasi-rupture avec l'Espagne, en 2022, et une crise larvée avec les Émirats arabes unis, ses partenaires européens s'inquiètent d'un « isolement » diplomatique.

Pour ne rien arranger, les relations de l'Algérie avec le Niger et le Mali, depuis le putsch, n'ont jamais été aussi mauvaises. Fin 2023, Niamey a publiquement démenti avoir accepté toute offre algérienne de médiation. En janvier 2024, les militaires maliens ont annoncé leur sortie de l'accord d'Alger signé en 2015 avec les groupes indépendantistes du nord du pays et dénoncé des « actes d'hostilité » et d'« ingérence » de la part des autorités algériennes.

4

L'économie contaminée par le politique

Les chiffres ne reflètent pas toujours la réalité. Une discussion avec des chefs d'entreprise français en Algérie permet de se rendre compte de ce paradoxe. Les plus optimistes (ceux qui gagnent de l'argent) disent « continuer à y croire », alors que derrière le discours pointe une grande fatigue, et les plus lucides sont au bout du rouleau.

Pourtant, quand on regarde les statistiques des dix dernières années, le tableau n'est pas catastrophique.

Certes, en 2013, la France a perdu sa première place de fournisseur de l'Algérie au bénéfice de la Chine. Dix ans plus tard, elle reste la deuxième source de ses importations[1] – derrière la Chine toujours, mais devant l'Italie, l'Allemagne et l'Espagne – pour un volume de 4,4 milliards d'euros. La crise diplomatique entre Alger et Madrid, en 2023, a permis à Paris de se hisser au deuxième rang des clients d'Alger. Pour autant, la balance commerciale entre les deux pays reste nettement favorable à l'Algérie, qui exporte vers l'Hexagone pour 6,6 milliards d'euros de biens (contre 2,6 milliards seulement en 2020), essentiellement des hydrocarbures et des matériaux de construction.

Rien ne sert cependant de comparer la Chine et la France. D'abord parce que les relations politiques conditionnant les relations économiques avantagent Pékin. Comme pour nombre de pays africains, les relations entre la Chine et l'Algérie remontent à la guerre d'indépendance, lorsque la nouvelle République populaire de Chine apportait un soutien diplomatique, économique et militaire au FLN dans sa lutte contre le colonialisme français. De fait, la Chine a été le premier pays non arabe à reconnaître l'Algérie indépendante en 1962, dès la signature des accords d'Évian.

1. Ministère de l'Économie, des Finances et de la Souveraineté industrielle et numérique, Direction générale du Trésor, mars 2023.

Comme le raconte un entrepreneur algérien en affaires avec la Chine depuis une vingtaine d'années : « La Chine a été le fer de lance du multilatéralisme que défendait l'Algérie. Elle a toujours pris le parti des pays non alignés pour créer une troisième voie qui ne soit ni celle de l'URSS ni celle des États-Unis. » Pour Alger, la Chine est aussi le pays qui « ne l'a pas laissée tomber pendant la décennie noire ». Et il ajoute : « Quand la Russie ne voulait plus nous vendre des armes, que l'Europe nous regardait comme des terroristes, la Chine était là pour nous livrer des munitions. Donc, au sortir de cette crise interne, c'est en toute logique avec la Chine que l'Algérie a signé son premier partenariat stratégique. »

C'est aussi pendant les années 1990 et l'apparition du « cabas » – procédé commercial consistant à importer des biens en Algérie de manière informelle via des particuliers – que les échanges commerciaux entre les deux pays se sont structurés. L'entrepreneur se souvient : « Les importateurs algériens se rendaient massivement en Chine, d'où ils rapportaient des biens de consommation d'allure européenne. Petit à petit, les Algériens se sont installés en Chine, ont trouvé des partenaires chinois, qui eux aussi sont venus en Algérie, ont ouvert des bureaux de liaison. Ils nous disaient : “Tu veux des lames Gillette ?", et quelques semaines plus tard, des milliers de fausses lames "Gilette" – il n'y avait qu'un seul *l* ! –, arrivant en conteneurs, inondaient l'Algérie. C'est aussi par le cabas qu'est née Bordj Bou Arreridj avant que, peu à peu, les industriels algériens créent des empires. »

Bordj Bou Arreridj, petite ville située entre Alger et Constantine, s'est développée autour de zones industrielles spécialisées dans les secteurs de l'électronique et l'électroménager, principaux pourvoyeurs d'emploi de la région, d'où son surnom de « Silicon Valley de l'Algérie ». La pandémie de Covid, les problèmes d'acheminement de matières premières, les retards dans l'attribution des licences d'importation et l'incarcération (avec plusieurs membres de sa famille) d'Abderrahmane Benhamadi, le PDG (depuis libéré) du géant de l'électronique-électroménager Condor, dans le cadre de la purge menée par l'ex-chef d'état-major Ahmed Gaïd Salah, ont porté entre 2019 et 2021 un sérieux coup à la prospérité de la région. Depuis, l'activité est repartie. L'État a levé certaines entraves à l'investissement, réattribué des lots inexploités. Fin 2023, Ali Aoun, ministre de l'Industrie et de la Production pharmaceutique, affirmait que la wilaya de Bordj Bou Arreridj contribuait à hauteur de 45 % à la production industrielle nationale.

Symbolique, économique, politique, le poids de la Chine est tout cela à la fois. C'est pour cette raison qu'Abdelmadjid Tebboune s'est tourné vers son homologue chinois, en juillet 2023, afin d'obtenir le soutien de la Chine à l'adhésion de l'Algérie aux BRICS. Ce club des pays dits « émergents » appelle à un nouvel ordre économique multilatéral qui viendrait, à terme, renverser l'hégémonie du dollar américain dans les transactions commerciales. En novembre 2023, Saïd Chengriha, le chef d'état-major des armées, a rencontré en Chine des responsables de sociétés spécialisées dans les industries militaires et l'électronique de défense. Une lettre confidentielle rapportait à ce moment-là que Pékin cherchait à doubler Paris et à vendre à Alger des navires de guerre.

Pendant le Hirak, quand la France était la cible d'attaques de la part de certains courants internes au système, notamment pour sa « complicité » avec les réseaux Bouteflika, il était fréquent d'entendre les investissements chinois loués alors qu'il était reproché aux Français de « prendre l'Algérie pour un comptoir », de vouloir « pomper les ressources du pays », de ne pas investir localement et de ne pas transférer ses savoir-faire.

En 2017, une structure française qui préfère l'anonymat a passé au crible les flux d'investissements (IDE) réalisés par les cinquante principaux investisseurs en Algérie (hors hydrocarbures), originaires des six principaux partenaires économiques du pays (France, Espagne, Italie, Chine, Turquie, Allemagne). Il ressort de cette étude, basée sur les bilans des entreprises, que la France détient près de la moitié du flux d'IDE : 2,2 milliards d'euros, sur un volume global de 5,2 milliards. La Chine, en comparaison, n'a réellement investi que… 480 millions d'euros. Il en va de même pour la valeur ajoutée générée par ces investissements (1,6 milliard d'euros) : 770 millions d'euros pour le compte de la France contre 39 millions pour celui de la Chine.

Les stratégies française et chinoise diffèrent : Pékin s'appuie sur les leviers stratégiques que sont ses très puissants conglomérats publics – au final, les sociétés chinoises en Algérie sont surtout des filiales –, et ses investissements se concentrent sur les industries extractives et la construction. En 2007, l'Algérie est devenue le plus grand pourvoyeur de contrats pour la Chine en Afrique, son cinquième marché dans le monde. En 2011, la valeur des contrats accordés aux cinquante principales entreprises chinoises (20 milliards de dollars) a fait de l'Algérie le plus grand marché des groupes de construction chinois en Afrique[1].

Ces contrats concernent surtout la construction de logements sociaux et de tronçons de l'autoroute Est-Ouest. Tout est pensé pour que l'argent reste en Chine : pendant que le ministère des Finances et la banque publique d'import-export China Exim Bank proposent des prêts alléchants et/ou des aides sans contrepartie, la Chine désigne les projets qu'elle veut financer et injecte de l'argent qui revient dans ses caisses par remboursements.

L'autre grande différence tient à la diversification des investissements français, un « atout trop peu mis en avant », explique un des auteurs de l'étude, qui précise : « Aujourd'hui, les Français sont présents dans le secteur bancaire ; l'agro-industrie, qui compte quatre majors (Danone, Bel, Lactalis, Castel) ; le transport (Thales, Alstom) ; l'énergie (Schneider Electric, Legrand) et le pharma (Sanofi, Ipsen). Aucun autre pays ne peut en dire autant. »

1. V. Castel et *al.*, *The BRICs in North Africa : Changing the Name of the Game ?*, North Africa Quarterly Analytical, Banque africaine de développement, janvier 2011, p. 8.

Si l'étude devait être actualisée, la Turquie se placerait en première position grâce aux investissements structurants (plus de 1 milliard de dollars) de Tosyali dans le secteur de la sidérurgie, et de Tayal dans celui de l'industrie textile.

« Les Turcs seraient sans conteste en tête parce que, depuis 2017, les entreprises françaises n'ont pas beaucoup investi, poursuit le coauteur de l'étude. On a vu aussi une douzaine d'entre elles fermer, pour la plupart des bureaux de liaison, soit d'entités sous contrat avec les Algériens (Suez, RATP), soit des petites entreprises engagées dans des projets de barrages hydrauliques ou de chemin de fer pour lesquels les contrats ont tardé. Il y a eu le Covid et la crise avec l'Espagne, poursuit l'expert en s'interrogeant sur la pérennité de cette première place. Le modèle de Tosyali est basé sur le prix du gaz. Si ce dernier augmente, comment vont-ils réagir ? Par ailleurs, le groupe exporte beaucoup. Demain, quand ils s'apercevront qu'il est très compliqué de rapatrier les dividendes, comment réagiront-ils ? »

Un environnement auquel les Français ont du mal à s'adapter

Alors pourquoi un tel décalage entre les résultats sur le papier et l'ambiance générale ? Pourquoi est-ce si difficile pour les entreprises françaises de trouver leur place sur le marché algérien ?

Sans doute parce que les chiffres sont bien en deçà de ce qu'ils devraient être. Les atouts régulièrement mis en avant pour expliquer le caractère exceptionnel de la relation bilatérale sont bien connus : Paris est à moins de deux heures et demie d'Alger et les Algériens et les Français ne manquent pas de points communs culturels, de la langue à la bureaucratie en passant par cette faculté d'appréhender une situation en envisageant d'abord les problèmes. Bref, l'Algérie est un marché naturel pour la France et réciproquement, et cela devrait normalement transparaître dans les échanges entre les deux pays. Ou dans le nombre d'entreprises françaises implantées. Or, selon les cellules de veille françaises, elles ne seraient que deux cent cinquante réellement en activité en Algérie, contre mille cinq cents à deux mille au Maroc et un peu moins de deux mille en Tunisie, où un dispositif de zones franches les incite à venir.

Dans un essai[1] publié en 2011 qui fait toujours autorité pour comprendre l'Algérie, Abderrahmane Hadj-Nacer, ancien gouverneur de la Banque d'Algérie, expliquait que l'Europe et l'Afrique sont complémentaires et « condamnées » à trouver une solution commune.

La guerre en Ukraine et la nécessité de chercher des alternatives au gaz russe ont rendu cette interdépendance plus que jamais d'actualité. C'est par l'Algérie que passe le gaz qui approvisionne le Nord et c'est par elle que se développent les projets de futurs gazoducs, comme le gazoduc transsaharien (TSGP), long de plus de quatre mille kilomètres, qui permettra d'acheminer le gaz nigérian vers l'Europe (un projet concurrent au projet de gazoduc Nigeria-Maroc). Un protocole d'accord a été signé, en juillet 2023, entre l'Algérie, le Niger et le Nigeria et, même si les experts n'en sont encore qu'au stade d'études, les trois pays se sont mis d'accord pour faire de ce projet une priorité « à réaliser dans les plus brefs délais ».

En France, l'idée d'un « sort commun » est aussi défendu par plusieurs personnalités de gauche. « Je l'ai rappelé autant de fois que je me suis rendu en Algérie, au Maroc et en Tunisie : notre sort est commun. Il l'est sur les questions

1. *La Martingale algérienne*, Alger, Barzakh, 2011, p. 149.

énergétiques, avec le rôle majeur de l'Algérie qui garantit par sa sagesse le bon approvisionnement du marché, écrivait François Hollande[1] en 2022 pour appeler à la relance du partenariat entre la France et Maghreb. Il l'est sur les questions de sécurité et de lutte contre les trafics de toutes sortes. Il l'est encore davantage sur le développement économique, qui est la condition indispensable pour que la jeunesse du Maghreb garde l'espoir dans son destin sans aller chercher une fuite illusoire dans la migration. Il l'est sur la lutte contre le réchauffement climatique et donc la désertification qui gagne chaque jour du terrain. »

Dix ans plus tard, Jean-Louis Guigou, fondateur de l'Institut de prospective économique du monde méditerranéen (Ipemed), plaide[2] encore pour une communauté euro-méditerranéenne de l'énergie et affirme qu'en matière d'énergie « on ne peut rien faire en Méditerranée sans le retour de la confiance entre la France et

1. « François Hollande : pour une relance au Maghreb », *Le Figaro*, 07/08/2022, https://www.lefigaro.fr/vox/politique/francois-hollande-pour-une-relance-du-partenariat-avec-le-maghreb-20220807.

2. « L'Algérie peut devenir la "pile électrique de l'Europe" », *Le Monde*, 14/04/2022, https://www.lemonde.fr/afrique/article/2022/04/14/l-algerie-peut-devenir-la-pile-electrique-de-l-europe_6122150_3212.html.

l'Algérie ». Une voix malheureusement inaudible en ce moment dans l'Algérie-bashing ambiant.

Depuis longtemps, ceux qui ont un intérêt dans la relation bilatérale – et qui croient notamment que pour dépasser les traumatismes de l'Histoire il faut soit faire appel à l'économie, soit développer un projet historique ambitieux – appellent à « repenser la délocalisation » des entreprises françaises de l'Asie vers l'Afrique du Nord.

Preuve que l'idée est nourrie : le projet de renforcer la coopération entre les pays du Maghreb pour en faire une sous-région forte avait été évoqué[1] devant plusieurs institutions européennes en vue de « soutenir le renforcement de la coopération et de l'intégration régionale au Maghreb ». Une belle idée sur le papier, inévitablement amenée à se heurter à des problèmes insolubles, du moins à court terme, comme le conflit sur la question du Sahara occidental.

La rupture des relations diplomatiques entre l'Algérie et le Maroc en août 2021 et l'inter-

1. Communication conjointe au Parlement européen, au Conseil, au Comité économique et social européen et au Comité des régions Soutenir le renforcement de la coopération et de l'intégration régionale au Maghreb : Algérie, Libye, Mauritanie, Maroc et Tunisie /* JOIN/2012/036 final*/.

ruption par l'Algérie de ses livraisons de gaz et d'électricité au Maroc – avec le gel du contrat sur le gazoduc Medgaz – a clairement montré les limites de cette « intégration régionale » rêvée par l'Union européenne.

Le texte aborde toutefois une piste intéressante en explicitant la volonté de l'UE d'encourager une intégration commerciale et économique plus importante au Maghreb, via notamment le bilatéral, au nom des avantages qu'une intégration « plus poussée au Maghreb » présenterait pour les pays de l'Union européenne. « Les deux rives de la Méditerranée ont tout à gagner d'une stabilité accrue, de marchés plus intégrés, de contacts plus étroits entre les peuples et d'échanges intellectuels, économiques et culturels plus approfondis. »

Sur le papier, l'idée est belle. Mais sur le terrain, le fameux « climat des affaires » – cet ensemble de critères économiques, politiques, sociaux et juridiques influant sur la croissance et les performances des entreprises –, régulièrement épinglé dans les classements internationaux comme nuisible au business, rend tout développement un peu « compliqué ».

En cause : les lourdeurs bureaucratiques, des directives économiques changeantes, un système bancaire dépassé ou encore des difficultés d'accès au foncier. Des constantes de temps en temps amplifiées par des séquences traumatiques : des interdictions subites à l'importation, le quasi-arrêt du business pendant le Hirak, en 2019, et la chasse à la corruption dans l'administration et le secteur privé, qui a débouché sur une réglementation des changes répressive destinée à enrayer la fuite des devises à l'étranger.

Pour les patrons français, vu de l'autre côté de la Méditerranée, l'Algérie reste un pays stable politiquement – et la reconstitution du système après le Hirak a sans doute fini de les en convaincre –, mais l'environnement des affaires, trop anxiogène, les pétrifie. Quand un patron de zone, en charge de quinze ou vingt pays, doit investir 5 à 15 millions d'euros et qu'il est surveillé par sa direction, il réfléchit à deux fois à l'endroit sur lequel il va miser. Il va naturellement aller vers le pays où il a la meilleure visibilité et la meilleure compréhension du terrain. Quant au patron de filiale, en poste pour trois ans, il a le choix : ou bien il va pousser au développement des investissements en prenant un gros risque – celui de se retrouver muté au Soudan alors qu'il rêve de la Chine –, ou bien il va passer ses années de mission à demander à sa direction de le sortir de là, du coup il sera finalement muté en Chine et on dira de lui : « Ah lui, quand même, il a fait le Vietnam. »

En juillet 2023, un rapport[1] du département d'État américain a, lui aussi, dénoncé « un climat d'affaires difficile, un environnement réglementaire incohérent et parfois des politiques gouvernementales contradictoires » qui freinent les investissements étrangers. Mais quand les Américains le disent, ce n'est pas comme les Français, se moquent souvent les Algériens.

De la même manière qu'en politique, « le logiciel français » est la cause de bien des crispations. Les Algériens reprochent souvent aux Français leur « manque de flexibilité », en les comparant aux Espagnols, aux Italiens ou aux Turcs, « avec lesquels les choses sont beaucoup plus fluides ». Ils estiment que les PME françaises « ne s'intéressent pas à Algérie », car elles ne connaissent pas ce pays, et leur appréhension est souvent bâtie sur des mythes. « Les Français investissent en Birmanie. Expliquez-moi ce que l'Algérie a de plus effrayant que la Birmanie ? » s'interrogeait un jour un ex-

1. U.S. Department of State, *2023, Investment Climate Statements : Algeria, 2023*, https://www.state.gov/reports/2023-investment-climate-statements/algeria.

officier des services, persuadé que « la peur projetée sur l'Algérie n'est pas rationnelle », et ajoutant : « Certains Français sont persuadés qu'ils vont venir dans l'Algérie de 1954, celle qui a chassé les Français. D'autres s'obstinent à voir dans l'Algérie des années 2000 l'Algérie de Houari Boumédiène ou un marché captif », saturé de « faux investissements qui parasitent un véritable partenariat », et « ils passent leur temps à se plaindre que l'Algérie ne laisse pas importer ».

Les entrepreneurs français qui s'en sortent le disent avec lucidité : oui, les entreprises algériennes ne sont pas toujours au niveau pour des partenariats ; l'économie a besoin de réformes urgentes ; l'arbitraire est une donnée à intégrer à toutes les démarches de l'entreprise. « Mais si on attend que toutes les conditions soient réunies pour investir, alors on ne viendra jamais en Algérie », a résumé un jour l'un d'entre eux.

Or c'est justement dans le développement du tissu des PME, véritable créateur d'emplois, que se niche le grand défi du partenariat Algérie-France, à un moment où l'Algérie cherche à diversifier son économie.

Un grand sujet de discussion pour lequel les chefs d'entreprise français installés en Algérie depuis quelques années affichent le sourire gêné de ceux qui ne veulent pas critiquer leurs compatriotes, et pas davantage les structures censées les aider (comprendre : la mission économique de l'ambassade de France).

Ce n'est certainement pas avec les outils de la diplomatie économique française qu'on va y arriver, soufflent non sans sarcasme de nombreux businessmen français, accablés par l'inertie du service économique régional, qui dépend de la Direction générale du Trésor, à laquelle ils n'ont même pas accès. Le service ne semble s'éveiller qu'au moment où les politiques français, accompagnés d'une délégation d'hommes d'affaires, arrivent en Algérie. Là, il organise de ronflants « forums d'affaires », paroxysme de l'entre-soi économique, où l'on se congratule et s'abreuve mutuellement des éléments de langage confirmant l'appartenance à cette même caste (complémentarité, diversification, résilience, mix énergétique et, surtout, l'incontournable « win-win »).

La visite d'Élisabeth Borne, en octobre 2022, n'a pas échappé à cette grand-messe où se sont croisés Auchan, Suez, Sanofi... et dont il n'est évidemment rien ressorti de concret. En 2017, sur onze accords de coopération entre la France et l'Algérie, un seul partenariat s'était concrétisé : celui de la société d'investissement Isly Holding (algérien) avec le groupe pharmaceutique Ipsen.

Comme pour la politique, il y a dans les services économiques un dysfonctionnement des systèmes d'alerte. La veille sur les hoquets de la réglementation économique algérienne est disséquée, étudiée, analysée, mais cette réalité ne rencontre que très peu celle des chefs d'entreprises de taille moyenne. Ces derniers se plaignent régulièrement de ne pas être considérés par l'ambassade, « qui ne s'intéresse qu'aux grands groupes ».

Cette myopie a une conséquence : les Français ne voient pas les dynamiques à l'œuvre sur le terrain. À l'exception de quelques personnalités hautes en couleur, les diplomates affectés à ce service ont pour la plupart une connaissance très théorique de l'Algérie, peur de leur ombre, et ne fréquentent quasiment jamais les milieux auprès desquels ils sont censés se nourrir et qu'ils sont censés aider.

À la connaissance parcellaire de la vie algérienne se greffe un autre handicap. « Si les Chinois ou les Turcs arrivent à faire du business en Algérie, les Français devraient se demander : Pourquoi pas nous ? Et la réponse est toute trouvée : elle est d'ordre culturel. Quand un Chinois arrive en Algérie, il peut dormir dehors. Ou son affaire fonctionne et il reste, ou bien il s'en va. Quand un Français arrive en Algérie, il lui faut a minima un hôtel quatre étoiles et un court de tennis pour sa femme ou sa maîtresse, résume un ancien membre de la CCIAF. La notion de prise de risque a complètement disparu. »

Il n'est pas étonnant d'ailleurs que pour faire avancer la coopération économique certains diplomates préconisent une meilleure structuration du dialogue politique. À l'image de ce qui se fait avec les Émirats ou le Qatar, envisager une planification des rencontres à échéances régulières entre les secrétaires généraux des ministères ou des personnes désignées par le président, une façon d'avancer entre les visites officielles.

Autrement dit, appliquer l'idée des consultations telles qu'elles avaient été proposées sous François Hollande, en allant plus loin. Garder un format de dialogue entre institutions et organisations patronales pour les échanges formels et, à un autre niveau, développer un format de discussions entre entrepreneurs algériens et français directement.

Réinstaurer les mécanismes de rencontres bilatérales ne servirait pas uniquement à désamorcer, comme en politique, les conflits latents. Cela permettrait aussi de réfléchir ensemble sur les grandes tendances mondiales à quinze ans et sur les secteurs où l'Algérie peut se positionner.

Une idée que plusieurs chefs d'entreprise aimeraient voir se concrétiser. « Il faut vraiment que la France rêve plus grand : pas d'un projet mais d'une décentralisation. L'Algérien consomme français, il lit français, il apprécie les marques françaises. Il va acheter une Renault, du Doliprane, son premier réflexe d'achat n'est pas de choisir un produit turc ! » confiait un jour un capitaine d'industrie algérien sans souci pour la contradiction avec les velléités indépendantistes du discours dominant.

Une contamination par le politique

Mais la morosité ambiante n'est pas uniquement à mettre sur le compte de l'environnement. Elle est aussi grandement provoquée par la contamination de l'économie par le politique. Car en Algérie il existe deux réalités : celle des grands groupes – dont les patrons ne viennent que très rarement en Algérie – et celle des PME-PMI, les secondes subissant celle des premiers.

Depuis longtemps, les majors ont toujours eu de très gros problèmes. Quand Total ne se retrouve pas en contentieux avec Sonatrach, Lafarge est accusé d'enfreindre la réglementation nationale ; quand Renault ne voit pas ses importations de kits de montage bloqués au port, c'est Suez qui se fait dégager… Ces grandes entreprises ont toujours été très aidées par le politique, même si elles ne sont pas, comme le pensent les autorités algériennes, aux ordres de l'Élysée. Cette lecture s'explique par l'ADN même de l'État algérien : il se méfie du privé, dont il a asservi la croissance à l'administration centrale et à la commande publique.

Après des hauts et des bas, Sonatrach et TotalEnergies ont finalement signé, en 2023, des accords pour relancer un programme d'investissements sur les champs gaziers de Tin Fouyé Tabankort (dans le Sud algérien) afin d'étendre les installations existantes et mettre en production de nouveaux puits. Objectif : poursuivre les livraisons de GNL (gaz naturel liquéfié) à la France et développer des projets de production d'énergies renouvelables en Algérie. Les PME-PMI, elles, doivent se débrouiller toutes seules.

En 2009, Jean-François Heugas, directeur général de la Chambre française de commerce et d'industrie en Algérie (CFCIA), provoqua une véritable crise[1] en attaquant indirectement

1. Jean-François Heugas, « L'Algérie devrait assainir le climat des affaires autrement », *El Watan Week-end*, 15/05/2009, https://www.djazairess.com/fr/elwatan/125791.

la règle du 49/51, qui oblige tout investisseur étranger à prendre un partenaire majoritaire algérien. Une règle très contraignante mais utile, défendent ses partisans, dans un environnement aussi compliqué que l'écosystème algérien, puisque, pour comprendre/résoudre un problème/réagir en cas de crise, les étrangers peuvent se fier à l'expertise de leurs partenaires locaux.

Cette règle contestée a, depuis, été abandonnée, à l'exception des secteurs stratégiques. Mais, du fait de cette contrainte pour les entreprises étrangères d'investir beaucoup de temps et d'argent dans la recherche d'un partenaire local fiable, les investissements avaient été sérieusement affectés.

En expliquant que les entrepreneurs ne pouvaient pas « travailler dans un climat instable », que « personne n'est obligé d'investir en Algérie et que ces entreprises [françaises] pourraient très bien le faire ailleurs », Jean-François Heugas, dont la connaissance pointue de l'Algérie donne à ses analyses bienveillantes mais directes toute leur légitimité, avait provoqué une crise dont les milieux d'affaires se souviennent encore.

L'ambiance était déjà mauvaise entre les autorités et la CFCIA. La Chambre était sous pression du ministère de l'Intérieur. Ce dernier appelait depuis un moment à ce que soient revus ses statuts, qui fonctionnaient selon un accord datant de la visite de Valéry Giscard d'Estaing, lequel accord avait pour origine un texte encore plus ancien. Les propos du directeur général avaient donc fini par détériorer le climat. Quatre mois plus tard, les autorités gelaient les activités de l'organisation consulaire pour « non-conformité de ses statuts avec les lois algériennes ». L'occasion pour les Algériens de rappeler aux Français qu'ils n'étaient pas en Algérie chez eux.

Après les propos d'Emmanuel Macron sur le système algérien (voir plus haut), les frictions entre Alger et Paris s'étaient répandues, comme un malaise diffus, jusque dans les mondanités. Entre opérateurs français et algériens pourtant en bons termes, la discussion avait failli mal tourner. « La France se comporte encore comme si elle était un empire. Mais pour l'Algérie, elle n'est qu'un pays comme un autre. Si elle veut investir, elle doit dorénavant faire la queue comme tout le monde ! » avait répondu un Algérien à la sempiternelle interrogation : « Mais pourquoi nous traitent-ils comme ça alors qu'on fait tout pour les aider ? »

La crise politique avec l'Espagne en 2022 fut une autre expérience traumatisante pour n'importe quel observateur étranger de l'évolution du marché algérien. Du jour au lendemain, Madrid a vu ses exportations suspendues, ses banques représentées à Alger plongées dans un brouillard total, ses chefs d'entreprise privés de liaisons aériennes et la province de Castellón (Valence), qui vivait de l'exportation de céramique vers l'Algérie, complètement sinistrée. Presque deux ans auront été nécessaires pour qu'Alger renoue avec Madrid, et encore, elle n'a réautorisé les importations d'intrants avicoles (poussins et œufs) que contrainte par la menace de pénurie de poulets à l'approche du Ramadan.

Malgré les signaux positifs envoyés par l'Algérie, les Espagnols restent méfiants. Ils savent qu'il faudra du temps pour retrouver la confiance et des niveaux d'échanges comparables à ceux d'avant la crise. Ils savent aussi désormais que tout peut s'arrêter du jour au lendemain.

Et entre les ruptures qui pétrifient, il y a les petites crises qui inquiètent. Un matin de mars 2022, trois cabinets internationaux du « Big Four » – les quatre plus grands cabinets d'audit financier et de conseil au niveau mondial : Deloitte, Ernst & Young, KPMG, PwC – se sont réveillés en apprenant que leurs activités en Algérie avaient été suspendues par les autorités pour soixante jours. Le ministère algérien du Commerce les accusait de défaut d'affichage ou défaut de coopération avec l'administration. La crise s'est finalement résorbée, KPMG s'est maintenu, Deloitte et Ernst & Young sont restés, mais ont vu leurs effectifs réduits a minima. PwC était le seul à ne pas avoir été suspendu.

En matière d'instabilité juridique et de freins bureaucratiques, entrepreneurs algériens et étrangers sont logés à la même enseigne, sauf les Turcs ou les Chinois, pour qui l'interventionnisme politique dans l'économie est un modèle familier. Les Français ont encore du mal à comprendre cette donnée et à l'intégrer dans leur approche du pays.

Malgré cela, les exemples de réussite existent.

L'entreprise française Webhelp (spécialisée dans la relation clients) – installée sur le marché algérien avec un partenaire local en 2010, avant de créer sa filière propre en 2015 – a, par exemple, doublé ses effectifs en trois ans (en pleine pandémie de Covid) pour compter aujourd'hui neuf cent quatre-vingts salariés. « Dans le top 10 des entreprises mondiales de notre secteur, nous sommes les seuls à être installés en Algérie. Cela nous oblige à faire découvrir notre métier, mais, d'un autre côté, nous n'avons pas de concurrent, ce qui nous permet de recruter les meilleurs profils, explique Gilles

Guérin, directeur général de Webhelp Algérie pour justifier le succès de son entreprise. Et les Algériens ont un très bon niveau de français, un bon niveau d'études, une appétence au commerce et bien d'autres qualités. »

Autre exemple de « success story » française : Castel. Le groupe, qui s'est diversifié en Afrique dans le secteur de la bière et des boissons gazeuses, compte cinq usines en Algérie et deux mille employés (en 2020, il a racheté NCA Rouiba, l'emblématique fleuron algérien de l'industrie du jus de fruits, en bénéficiant de la levée de la règle du 49/51). Son chiffre d'affaires global a progressé de 50 % en deux ans (lui aussi pendant la pandémie de Covid). « En Algérie, il faut accepter d'investir tout en sachant que cela prend du temps de comprendre la complexité du marché », disait Julie Bouchard à l'époque où elle dirigeait Castel Algérie. Le groupe a continué à investir, au moment où d'autres acteurs se sont montrés frileux, et travaille aujourd'hui sur de nouveaux projets d'intégration pour valoriser les ressources locales et réduire la dépendance aux importations.

Afin de rassurer les investisseurs, ces parcours français mériteraient d'être valorisés, tout comme les réussites franco-algériennes. En dépit de ses démêlés politiques, Issad

Rebrab, fondateur du groupe Cevital, la plus grande entreprise privée d'Algérie, propriétaire d'une des principales raffineries de sucre au monde, incarne un bel exemple de coopération franco-algérienne depuis son rachat de Brandt et d'Oxxo (numéro un français des portes et des fenêtres en PVC).

En parallèle, une vraie remise en question pourrait s'opérer face au changement de modèle économique à l'œuvre en Algérie, plus productiviste. « Aujourd'hui, un fabricant de chocolat français ne doit pas se demander comment vendre son chocolat en Algérie, mais comment le produire en Algérie pour le réexporter, explique le coauteur de l'étude sur les investissements étrangers. L'Algérie veut importer plus de machines, d'équipement, d'ingénierie. Ce que nous faisons de moins en moins en France. Les entreprises françaises risquent donc de voir leurs parts de marché s'effriter, de plus en plus au profit d'autres pays européens, comme l'Italie. »

5

La douloureuse question de la langue

Voyager au Maghreb permet de se rendre compte à quel point le français est encore très implanté en Algérie – qui n'est pourtant pas un pays membre de la Francophonie. À Alger de manière évidente, mais aussi à l'intérieur du pays – bien plus qu'au Maroc ou qu'en Tunisie –, vous trouverez toujours quelqu'un qui parle français, plutôt chez les plus de 50 ans. Vous trouverez toujours… mais de moins en moins. Dans la capitale algérienne, l'usage courant du français peut faire illusion, parce que les Algérois sont encore nombreux à le parler (plusieurs médias, certains publics, paraissent en français). Il suffit de sortir de la capitale, et sans aller très loin, pour constater une autre réalité.

Au début des années 2000, une directrice de crèche au centre d'Alger mettait un point d'honneur à expliquer que, dans son établissement, tout le personnel « parlait français aux enfants ». Les jeunes journalistes qui postulaient dans les médias francophones avaient pour la plupart un très bon niveau et les administrations prenaient tous les courriers rédigés en français. Vingt ans plus tard, les réunions professionnelles avec des Algériens de moins de 30 ans se font pour beaucoup dans une novlangue mélange de derja (dialecte algérien) et d'anglais.

Le français est compris, mais il n'est pas assez maîtrisé pour être parlé. Quand les autorités algériennes reçoivent Emmanuel Macron, sur les pupitres les titres sont écrits en anglais et en arabe. Pas en français. Et dans les administrations, il n'est pas rare de voir son courrier renvoyé à l'expéditeur s'il n'est pas écrit en arabe, alors que de nombreux documents ou formulaires, comme les appels d'offres et toutes les pièces qui doivent constituer le dossier, sont toujours en français, notamment dans le secteur bancaire, aux impôts…

C'est une réalité : la langue française a perdu du terrain et continue à en perdre. Même si ce constat est aussi valable dans d'autres pays francophones, le cas de l'Algérie est particulier.

Parce qu'en plus des évolutions de la société – maintenant, les jeunes parlent anglais entre eux – une volonté politique de faire la guerre au français a accéléré les choses.

Un coup d'œil en arrière donne une idée de la façon dont les choses ont rapidement changé. Le 14 juin 2000, devant l'Assemblée nationale française, Abdelaziz Bouteflika soulignait combien « la langue française et la haute culture qu'elle véhicule restent pour l'Algérie des acquis importants et précieux que la réhabilitation de l'arabe, notre langue nationale et officielle, ne saurait frapper d'ostracisme », précisant : « C'est là une richesse à même de féconder notre propre culture et c'est pourquoi le français, à l'instar d'autres langues modernes, et plus encore en raison de ses vertus intrinsèques et de son ancienneté dans notre pays, gardera une place qu'aucun complexe, aucun ressentiment ni aucune conjoncture quelconque ne saurait lui disputer. »

Dans les textes, le français est inscrit au programme en troisième année de primaire (l'équivalent du CE2). Seulement voilà, les enseignants ont été de moins en moins formés pour cette mission. Ils sont devenus de moins en moins nombreux. Les instituteurs manquant à l'appel, les créneaux qui lui étaient consacrés ont progressivement disparu des emplois du temps.

En deux ans, le président Tebboune a fini de l'achever : en 2022, il décida que l'anglais serait obligatoire dès la troisième année de primaire, à raison d'une heure et demie par semaine, officiellement au même titre que le français, qui n'est, de fait, quasi plus enseigné puisqu'il n'y a plus d'enseignants. « La langue française est un butin de guerre [expression d'un des écrivains algériens les plus connus, Kateb Yacine], mais l'anglais est une langue internationale », a-t-il défendu.

À la rentrée 2023, sous couvert d'une politique nécessaire – faire le ménage parmi les écoles privées responsables de dérives qui ont poussé les parents à déscolariser les enfants –, une autre attaque chassa le français des quelques fiefs scolaires où il était enseigné de manière intensive. Le ministère de l'Éducation nationale demanda aux écoles labellisées par le ministère français des Affaires étrangères de se délabelliser sous peine de poursuites pénales. Il somma les écoles privées, où étaient dispensés à la fois le programme algérien et le programme français dans une spécificité algérienne que l'on appelle « le double programme », de cesser tout enseignement du français, de bannir tout manuel extrascolaire de programme en dehors de celui tracé par l'État algérien et de s'en tenir aux cinq heures d'enseignement de langue étrangère – sans manuel autorisé.

Cela fait plusieurs années que les autorités avertissent les établissements. Les mesures prises n'ont fait qu'obliger les écoles à se plier à la loi et à leur rappeler leur mission : appliquer le programme algérien avec un régime dérogatoire pour des activités extrascolaires, dont l'application du programme français ne fait pas partie. Il se trouve que, fort opportunément pour les autorités, ces mesures contribuent aussi un peu plus à éradiquer l'enseignement du français.

Dans les universités, l'idée de remplacer le français par l'anglais a été lancée en juillet 2019 par Tayeb Bouzid, alors ministre de l'Enseignement supérieur. Le gouvernement intérimaire de Noureddine Bedoui cherchait, en plein Hirak, à montrer que le nouveau-ancien pouvoir tentait de créer une rupture avec l'hégémonie française, en commençant par une rupture linguistique et culturelle, tout en accusant cette « présence française » des blocages dans le pays. Le système et les manifestants voyaient la « main de la France » dans la crise du moment, un discours classique, bankable et pratique, qui s'impose à chaque soubresaut de la vie politique algérienne.

Un sondage fut lancé pour explorer les tendances chez les étudiants et les bacheliers sur la question du « renforcement de l'enseignement de l'anglais » dans les facs. À peine une semaine plus tard, Tayeb Bouzid avait plié le débat et, à partir des résultats de ce sondage, affirmait que le français « ne men[ait] à rien » face à l'anglais. Encore une fois, la France était pointée du doigt pour s'attirer la sympathie et l'adhésion de la société et mobiliser les sentiments anticolonialistes des Algériens.

Début 2024, à l'université des sciences et technologie Houari-Boumédiène (USTHB) à Alger, présentée comme la première université d'Afrique du Nord, l'enseignement en anglais est encore difficile à mettre en œuvre. Entre la résistance des profs, l'utilisation de manuels français et des terminologies spécifiques, les cours se tiennent toujours en français.

Mais sur le marché du travail, soixante ans de chasse au français commencent à se faire sentir. Parmi les jeunes Algériens à la recherche d'un emploi, très peu maîtrisent le français, à part au cœur des élites urbaines, où un enseignement spécifique, les voyages et parfois l'usage du français dans les foyers font encore la différence. Dans dix ans, il est facile d'imaginer comment les choses auront tourné : plus personne ne parlera français.

Prenant à témoin l'énorme verrue de parpaings en train d'être construite (par des enfants de moudjahidine) en face de chez elle, une spécialiste du sujet, Khaoula Taleb Ibrahimi, qui a passé sa carrière à former de jeunes Algériens aux sciences du langage à l'université d'Alger, se désole. Le spectacle auquel elle assiste est devenu courant : à Alger, quand un terrain est vendu avec une vieille maison coloniale, cette dernière est la plupart du temps détruite pour que soit construit un immeuble flambant neuf, sans lien avec l'histoire du pays. Une forme de wokisme qui s'exprime, faute d'avoir des statues à déboulonner, surtout par un rejet de la langue.

« L'aliénation est telle que la seule solution pour couper, c'est d'éradiquer, regrette la professeure. On veut entrer dans la modernité et couper avec le passé colonial. Mais c'est ça, notre histoire. Le fait que, même si je voulais gommer ce passé, je ne pourrais pas. Le français est notre humus social. C'est une donnée historique et sociale. »

Des radars français défaillants

Aujourd'hui, évidemment, il est difficile pour Paris de ne pas percevoir l'hostilité politique à l'égard du français. Le constat s'accompagne par ailleurs d'une forme d'impuissance qui s'explique, la France ayant une vision biaisée de son influence linguistique et culturelle.

Plus de soixante ans après l'indépendance de l'Algérie, elle a encore du mal, par exemple, à comprendre que, même parmi les Algériens francophones qui ont aujourd'hui plus de 45 ans, on ne parle pas français « par amour de la langue française » mais parce que les choses sont ainsi. L'héritage historique, l'éducation ou la proximité géographique ont façonné ainsi la génération postindépendance, mais le français n'a rien gommé de ce qui fait d'eux des Algériens. Comme disait Kateb Yacine : « J'écris en français parce que la France a envahi mon pays et qu'elle s'y est taillé une position de force telle qu'il fallait écrire en français pour survivre. Mais en écrivant en français, j'ai mes racines arabes ou berbères qui sont encore vivaces. »

Paris a aussi pris conscience assez tard du fait que la société algérienne était en train de muter. De manière générale, les réactions aux récentes manifestations de haine à l'égard de la France dans les pays du Sahel ou en Afrique de l'Ouest montrent bien que le regard des Français sur leurs anciennes colonies n'a pas beaucoup changé. Voir les pouvoirs africains tomber les uns après les autres a été une source de surprise. Pourquoi est-ce la faute de la France ?

La France n'a sans doute pas, ou trop peu, évalué la mondialisation de l'Afrique. Elle n'a pas voulu voir le rejet que suscitait la militarisation de sa diplomatie depuis l'intervention en Libye et, plus tard, Serval et Barkhane au Sahel. Les populations n'ont pas vu la situation s'améliorer – les groupes islamistes armés se sont terrés en attendant que ça passe et, malgré l'élimination de plusieurs de leurs chefs, ont refait surface. L'intérêt de la France pour les Ukrainiens a aussi renvoyé l'image d'un pays plus préoccupé par la situation d'un peuple considéré comme « presque européen », et peu concerné par celle, et ce n'est qu'un exemple, des Soudanais. Un sentiment qui s'est évidemment renforcé chez les musulmans depuis le 7 octobre 2023 et la nouvelle phase dans le conflit israélo-palestinien, la France ayant soutenu l'offensive israélienne sur la bande de Gaza et gardé le silence face au nettoyage ethnique qui l'a accompagnée.

La France a, à bien des égards, le même comportement que les États-Unis. Ces derniers n'ont pas compris que « l'exceptionnalisme américain » (un concept de supériorité considérant que celui qui n'adhère pas aux principes américains n'est pas légitime, vit dans une situation insatisfaisante, mais sera un jour sauvé par l'Amérique) nourrissait un conflit latent avec le reste du monde. Paris ne saisit pas que le traitement deux poids deux mesures selon que l'on soit israélien/ukrainien ou yéménite/palestinien ne passe plus, et, pire, nourrit une véritable haine. Que ce n'est pas pour ce qu'elle a été (un pays colonisateur) que la France est détestée aujourd'hui, mais pour ce qu'elle fait.

Entendre un ambassadeur de France parler des djihadistes du nord du Mali comme d'« une bande de bras cassés en rangers » que l'armée française va bouter hors du Sahara ne contribue pas à rendre la France plus sympathique et plus crédible aux yeux des Algériens, trois ans après l'intervention française en Libye. Surtout quand on voit la pression que les groupes islamistes armés mettent sur les pays du Sahel aujourd'hui.

Entendre un haut fonctionnaire s'étonner que l'Algérie n'ait pas été admise parmi les pays des BRICS, « ces branquignols sous-développés », alors que « c'était clairement fait pour elle », ou un ancien conseiller d'État faire des comparaisons malheureuses entre Algériens et Vietnamiens, « qui, eux, travaillent », en regrettant que l'Algérie ne soit ni l'Arabie saoudite ni le Maroc, nourrit inéluctablement ressentiment et suspicion chez les Algériens – et par extension chez tous ceux à qui ce discours s'adresse.

Pendant que les gouvernements africains – indépendants depuis soixante ans – demandaient à Paris d'aider, de rester, de former, de nouvelles élites ont émergé. Pour beaucoup, elles ont suivi des études à l'étranger, elles ont voyagé, comparent les progrès de l'Afrique francophone et anglophone et pointent du doigt les modèles rwandais, kényan ou namibien, des pays avec un niveau de développement bien supérieur à ceux qui ont été colonisés par la France. Souvent citée en exemple comme modèle de développement en Afrique, la Namibie a arraché son indépendance à l'Afrique du Sud en 1990. En moins de quarante ans, elle a su créer un environnement propice à l'investissement et au développement économique, notamment grâce aux revenus de ses ressources naturelles (minéraux, diamant, uranium, zinc). La diversification de son économie, par le tourisme, l'agriculture et la pêche, a contribué à réduire sa dépendance aux secteurs extractifs. Les produits namibiens s'exportent aussi très bien, soutenus par des accords commerciaux avantageux sur les marchés internationaux.

En Algérie, comme dans le reste de l'Afrique, un même air revient : pendant des années, la France a aidé les élites corrompues – Bouteflika, en Algérie, dans sa quête d'une présidence à vie – à se maintenir au pouvoir et à piller les ressources. Vrai ou faux, l'important est la perception que les peuples ont de la France et le rejet qu'elle leur inspire.

Les attaques contre la langue française émanent de cette logique. Pour disqualifier le Hirak, en 2019, les canaux officiels et leurs officines ont largement insisté sur la nature « francophile » du système Bouteflika, « soutenu par Paris ». Un des slogans entendus pendant les manifestations disait par exemple, en derja : *Djibou Toufik* [« ramenez Toufik », l'ex-général de corps d'armée qui fut patron des services secrets], *Zidou Nezzar* [« ajoutez Nezzar », l'ex-général-major qui fut chef d'état-major de l'armée et ministre de la Défense], *Ya Awlad Bigeard* [« les enfants de Bigeard », général français à la tête du 3e régiment des parachutistes coloniaux pendant la guerre d'indépendance, acteur majeur de la répression à Alger], ces trois militaires unis ici par les exactions, enlèvements, tortures, exécutions, assassinats et massacres de populations perpétrés en Algérie à différentes époques. Mais ce ne sont pas juste des mots : une partie de la société, y compris dans l'élite, est persuadée que des forces satellisées à la France, Hizb França (le parti de la France), œuvrent à la déstabilisation du pays[1].

Ce n'est pas la première fois que la langue française se retrouve au milieu de l'arène politique algérienne. Depuis les années 1960-1970, les luttes entre élites arabophones et francophones autour du pouvoir ont provoqué des guerres autour de l'identité et de la langue.

Ahmed Tessa, normalien, conseiller de Nouria Benghabrit, ministre de l'Éducation nationale de 2014 à 2019, parle[2] du « syndrome de Bamian ». Dès le lendemain de l'indépendance, pendant que des responsables locaux s'attaquaient à ce qu'ils considéraient comme des symboles du colonialisme, rasant arbres centenaires, arcs de triomphe, statues… d'autres responsables cherchaient à se débarrasser du français dans l'administration et le système éducatif. Il était déjà question de « langue de l'ennemi » et de « langue mécréante ». Et la Commission nationale d'arabisation, installée en 1973, s'attela à traquer

1. Amar Mohand-Amer, « Contester le Hirak : essai d'analyse du discours », *Hirak, enjeux politiques et dynamiques sociales*, INSANIYAT, 2020, pp. 13-30.

2. Dans *L'Impossible Éradication. L'enseignement du français en Algérie*, Alger, Barzakh, 2015.

la langue française. La légende urbaine d'une mainmise de la France grâce à une élite francophile, « qu'elle aurait laissée » après l'indépendance pour mieux contrôler éternellement l'ancienne colonie, est encore très vivace. Cette croyance profonde dans certains milieux, aussi bien populaires que chez certaines personnalités médiatiques ou leaders d'opinion, notamment chez les islamistes, justifie donc toutes les attaques contre la langue française et les francophones.

Le ressentiment n'a fait que grandir et se décomplexer. En 2015, la visite de François Hollande couronne peut-être, selon le discours officiel, « trois ans de formidable coopération », mais dans la population elle est accueillie de façon beaucoup plus tiède. À l'époque, Chitta Fighters, un obscur groupe nationaliste qui compte plus de soixante-cinq mille sympathisants (trente-cinq mille en 2015), lança une campagne pour « brûler le drapeau français sur les places publiques et devant les maisons ». Des Algériens s'étaient alors pris en photo à côté de drapeaux français en flammes. Le youtubeur Ameur Derradji avait lui aussi posté une vidéo où on le voyait, au milieu d'un champ, mettre le feu à un drapeau français en déclarant : « La France influence toujours notre pays et nos dirigeants. Elle continue de cautionner nos traîtres. Je fais ça parce que je n'ai rien à perdre. Je ne demanderai jamais de visa en France, je n'ai aucun lien avec ce pays. »

Toute l'Algérie se souvient de ce qui s'est passé pendant cette visite. François Hollande, après une rencontre avec Abdelaziz Bouteflika, très affaibli par son AVC, l'avait défendu : « Le président Bouteflika m'a donné une impression de grande maîtrise intellectuelle, et même, c'est rare de rencontrer un chef d'État qui a cette alacrité, cette capacité de jugement. » Des mots qui lui avaient valu des mois de moqueries et d'insultes sur les réseaux sociaux par des Algériens fatigués d'être pris pour des idiots.

Avant cela, il y a surtout eu 2011. La France n'a pas mesuré – et elle a encore beaucoup de mal à l'accepter – les retombées de l'intervention en Libye, dont l'onde de choc se fait encore sentir dix ans plus tard. En 2023, pour Alger, le rejet de toute intervention militaire au Niger est une occasion de rappeler que ces interventions, partout où elles se sont produites, ont eu des conséquences désastreuses.

Si la France n'a pas vu la société algérienne se transformer, c'est parce que les apparences sont trompeuses. D'année en année, les cours de français dispensés par l'Institut français d'Algérie tout comme les cours du programme scolaire français dispensés par le Centre national d'enseignement à distance (CNED) rencontrent toujours plus de succès. D'année en année, Campus France, la structure par laquelle passent les bacheliers désireux de partir étudier en France, voit défiler de plus en plus de jeunes Algériens : en 2021, elle a enregistré quelque cinquante mille dossiers, un record.

D'année en année, les demandes d'inscription au lycée international Alexandre-Dumas (LIAD) sont de plus en plus nombreuses. Comme il s'agit du seul établissement de l'Agence pour l'enseignement du français à l'étranger (à titre de comparaison, le Maroc en compte vingt-deux), aucun parent ne peut espérer y faire entrer sa progéniture sans intervention – à moins de profiter de la porte d'entrée du concours à la filière internationale. Mais les places sont chères : pour une place en première, il y a quatre-vingts demandes. Les parents de la classe moyenne algérienne, sans beaucoup de connexions politiques, y renoncent assez rapidement. De hauts cadres des Affaires étrangères algériennes – ceux-là mêmes qui parfois en public crachent sur la France – exercent des pressions terribles pour que leurs enfants soient inscrits. Alger refuse obstinément l'ouverture d'un deuxième lycée, le lycée Mouloud-Feraoun (écrivain algérien francophone assassiné par l'OAS en 1962), qui serait clairement dans l'intérêt des deux parties.

Cet engouement pour les réseaux d'enseignement français n'est toutefois pas motivé par l'attrait pour une langue d'influence, il l'est par une stratégie des parents algériens qui souhaitent garantir une porte de sortie à leurs enfants.

Ce qui se passe à l'intérieur du LIAD, dont 90 % des élèves sont algériens, le montre : des collégiens commencent dès la sixième à rejeter les valeurs que la France est attachée à défendre, trahissant malgré eux ce qui se passe ou se dit dans leur milieu familial. En 2023, de nouveaux collégiens algériens de la classe OIB (option internationale du baccalauréat), choisis sur concours et donc censés incarner la progéniture d'une certaine « élite », citent sans embarras Oussama ben Laden ou Adolf Hitler comme modèles inspirants dans leurs devoirs et assurent à leur professeur d'histoire-géographie que la mythologie grecque, « c'est haram » (« illicite », dans l'islam). Entre deux cours, leurs blagues ciblent invariablement les mêmes personnes : celles à la peau noire, les « négros », et les homosexuels, « les pédés ». Au point que l'établissement a mis en place des séances de sensibilisation à la non-discrimination, y compris des Juifs, puisque, depuis le 7 octobre 2023, l'école s'est retrouvée confrontée à un cas de tag antisémite. Face à ces propos et ces comportements, les enseignants semblent paralysés et, dans ses messages aux parents, la direction rappelle régulièrement que l'école « est un établissement laïc dont les valeurs sont celles de la tolérance, du respect et de l'acceptation de chacun dans sa pluralité, quelle qu'elle soit ».

Un cri dans le désert, puisque de toute manière – et les Français ne semblent l'avoir toujours pas compris – ce n'est pas par amour de la France et de ses valeurs que les parents algériens font le choix de l'école française. Ceux qui ont pu faire entrer leurs enfants au LIAD le verbalisent de manière très claire : l'école américaine est trop chère ; l'école publique algérienne, idéologisée, n'est pas une option ; l'école privée, qui feinte avec les autorités pour enseigner de manière non assumée le programme français, est un choix par défaut quand l'accès à l'école française est impossible.

C'est justement en cherchant un cadre capable de répondre aux ambitions des parents pour leur progéniture que les premières écoles privées ont vu le jour, créées par les parents eux-mêmes. Nous sommes au tournant des années 1990-2000 et les dégâts de la décennie noire sur les infrastructures du pays, notamment l'école publique, sont déjà visibles.

Si le succès de ces écoles s'est confirmé au fil des années, ce n'est pas uniquement parce qu'elles ont su attirer les parents qui souhaitent voir partir leurs enfants en France. Elles captaient aussi les parents qui envisageaient après le bac une filière universitaire algérienne scientifique – où les cours étaient jusque-là dispensés en français. Elles représentaient aussi une option pour les familles arabisantes, car, contrairement à ce que pourrait penser la France, elles ne récusent pas le français : elles sont même enclines, quand elles n'ont pas les moyens, à laisser leurs enfants dans l'école publique algérienne et à les inscrire en parallèle au CNED. La France oublie souvent que les dirigeants islamistes des années 1980-1990 étaient francophones. Les islamistes intégristes, eux, ne font pas le choix du français : ils se tournent vers l'anglais et l'école saoudienne. L'attachement de la société algérienne à sa langue alors même qu'elle l'a complètement dénigrée est un véritable paradoxe.

Les Algériens concevant la nationalité française comme une nationalité « pratique », « de papiers », ils abordent la scolarité de façon pragmatique : puisque dans le paysage d'aujourd'hui la seule école qui fonctionne plus ou moins reste le LIAD et qu'elle permet par ailleurs des projections en France, ils essaient d'y faire entrer leurs enfants. Ces mêmes parents ne croient d'ailleurs plus, depuis longtemps, aux valeurs défendues par la France, ce pays qui fait chaque jour un peu plus à leurs yeux la démonstration de son caractère « raciste », « islamophobe » et « inégalitaire ». Les discussions avec les parents les plus tournés vers l'Europe, ceux qui voyagent en France, parlent et lisent le français et suivent les chaînes de télé françaises, montrent qu'ils regardent la montée du fait religieux islamiste en France comme la conséquence inéluctable de la politique menée depuis les années 1980 par les différents gouvernements. Puisque l'Europe ne veut plus voir de « Maghrébins », de « Tunisiens », d'« Algériens », de « Marocains », mais seulement des « musulmans », c'est en tant que tels que les enfants de l'immigration se comportent.

La difficulté de penser notre culture comme un soft power

La France s'est longtemps contentée des « bons chiffres » pour ne pas se remettre en question. Lors des discussions entre diplomates français, dès que la progression de l'arabe dans la société algérienne devient un sujet, le débat se termine invariablement par la même remarque : « On s'inquiétera le jour où les Algériens ne viendront plus aussi nombreux à l'Institut français s'inscrire aux cours de français ou à Campus France », ponctuée de rires sarcastiques.

À ce problème s'ajoute un biais de perception. De l'extérieur, en particulier depuis Paris, où les milieux médiatiques oublient parfois que la langue majoritaire est l'arabe, il est très difficile de capter certaines dynamiques culturelles. L'usage de la langue française dans les centres urbains opère comme un écran de fumée et la véritable culture, créatrice, subversive, innovante, n'a pas eu d'autre choix que de se développer à la marge de la culture officielle, ce qui n'a pas contribué à sa visibilité.

Pour les Français, il y a de quoi se poser des questions : si la demande est si forte, pourquoi l'Algérie remet-elle en cause la coopération culturelle ? La coopération universitaire reste quasi inexistante, alors même que les Algériens disent vouloir davantage de coopération dans le domaine de la recherche et développer des programmes – notamment d'IUT – sur place, afin de freiner la fuite des cerveaux et de garder leur matière grise.

Paris ne réussit pas non plus à implanter des annexes de grandes écoles (Dauphine, HEC, Sciences Po) comme au Maroc ou en Tunisie, et même dans les pays du Golfe, qui, eux, manifestent une « vraie volonté » de travailler avec Paris, une « vraie volonté de se diversifier » dans la culture comme dans l'économie pour équilibrer leur tropisme vers le monde anglo-saxon, et expriment une véritable demande d'expertise française pensée à au moins dix ans.

Le partenariat entre Abou Dabi et l'université Paris-Sorbonne, qui remonte déjà à 2007, pourrait pourtant être transposé à Alger. Dans leur stratégie d'éducation de leur jeunesse et d'ouverture internationale, et après avoir d'abord investi dans des universités technologiques (via l'American University notamment), les Émirats ont demandé à la France de créer « une Sorbonne » à Abou Dabi, où seraient enseignées les humanités et délivrés des diplômes nationaux français reconnus par l'université Paris-Sorbonne. Les Émirats ont fait le choix assumé « d'un enseignement à la manière française ou occidentale, c'est-à-dire reposant sur l'apprentissage de l'esprit critique, de la liberté de pensée et de la rigueur intellectuelle qui permet de se forger une opinion et de conduire à l'action[1] », dans un établissement mixte où la laïcité, inscrite dans le contrat, implique qu'il n'existe pas de salle de prière sur le campus, ce qui n'interdit pas aux élèves musulmans de prier aux heures officielles. La coopération culturelle s'est depuis étendue, en particulier avec le Louvre d'Abou Dabi, qui rassemble plus de six cents œuvres, dont près de trois cents sont prêtées par la France jusqu'en 2026.

Difficile d'imaginer une telle coopération entre Alger et Paris, alors que la présence même des Instituts français est perçue par Alger comme une menace. Khalida Toumi, ministre de la Culture sous Bouteflika de 2002 à 2014, s'était un jour emportée en privé contre la programmation de ce qui s'appelait encore à l'époque les Centres culturels français (CCF) en demandant pourquoi ils proposaient du théâtre, des expositions, du cinéma…

Rien qu'en 2023, les autorités ont interdit la première édition du Festival international du film d'aventure à Tamanrasset. Elles n'ont pas répondu aux demandes de visas d'une quarantaine de participants en provenance d'Europe et d'Afrique qui devaient participer à Alger

1. Jean-Robert Pitte, « Les Émirats arabes unis se tournent vers la culture française », *Hérodote*, n° 133, 2009, pp. 100-107.

à un forum international – pour lequel les Français avaient choisi la thématique consensuelle de l'environnement. Pour la même raison, le rappeur Melan a vu sa tournée annulée, et le concert de raï des Héritières en hommage à Cheikha Rimitti prévu à l'université d'Oran a été déprogrammé à la demande de l'université. Cette dernière a fait savoir qu'elle n'avait « pas le droit » d'accueillir cet événement faute d'avoir été autorisée à signer une convention-cadre avec l'Institut français d'Oran.

Chez les diplomates les plus lucides, en tout cas ceux qui s'efforcent d'analyser la situation sans affect, le constat est limpide : le déclin de l'influence française est évident dans les anciennes colonies, il faut absolument arrêter de penser qu'elles sont notre pré carré, « on doit se poser des questions sur la façon dont on véhicule la culture, notamment quel est le rôle des Instituts français dans le monde. On est en retard et on se réveille à peine ».

Il y a des moments où l'on pourrait croire que les choses sont en train de changer à la faveur d'une diplomatie culturelle assez récente, qui veut repenser la façon dont la France se projette culturellement. Les réseaux culturels français dans le monde, jusqu'à il y a peu confiés à des profils plutôt culturels, se calent désormais sur le modèle américain, britannique ou allemand, en adoptant des profils plus politiques.

La France, qui n'avait jamais vraiment pensé au lien entre culture et politique – c'est-à-dire comment faire de la culture en ayant en tête les contraintes du pays où elle se trouve et ses priorités politiques –, a pris conscience du potentiel d'influence de la culture et de la force de frappe des énormes machines que sont les Instituts français. Sans doute un peu poussée par ceux qui utilisent depuis quelques années la leur comme outil de soft power, parfois même contre la France, comme la Turquie ou les pays du Golfe, pour ne citer qu'eux.

Cette réflexion entamée sur la façon dont la France « fait de la culture » pourrait s'articuler autour de deux priorités.

La première, prendre en compte le capital existant, dans certains pays comme l'Algérie, à nul autre comparable. Il n'existe pas d'autres pays avec ce niveau de bourses, de coopération, de résidences. Le français n'est pas seulement associé à une langue, mais aussi à un produit ou à un service d'excellence. Malgré les décisions des dirigeants contre le français, l'élite algérienne continue à parler français, du chef d'état-major à l'entraîneur de l'équipe nationale.

Et à partir de ce capital, qui montre combien le français est perçu comme intimement lié aux enjeux de pouvoir, déployer la langue comme une clé de connaissance et d'influence pour combattre l'idée qu'elle est une langue du passé, celle des auteurs romantiques et des films franchouillards : offres de cours plus ludiques, financements de séries ambitieuses adaptées aux pays ciblés, etc.

La France a des valeurs qui lui sont chères, les partager ne signifie pas les imposer, surtout quand ces valeurs font l'objet d'un rejet. Malheureusement, Paris donne aussi parfois l'impression de s'enfermer dans le rapport de force que les autres veulent lui imposer. La décision du ministère de la Culture, à la suite des coups d'État en Afrique, d'interdire les artistes du Niger, du Mali et du Burkina Faso dans les festivals en France, et celle du Quai d'Orsay, de suspendre tous les soutiens financiers aux associations, laissent perplexe. Comment imaginer qu'une telle mesure ne renforcera pas le sentiment de rejet de la France, jusqu'à, pire, le faire naître chez ceux qui considéraient encore la France comme une amie ?

Conclusion

Pendant deux ans et demi – c'est-à-dire jusqu'à la présidentielle française de 2027 –, la relation bilatérale devrait ressembler à celle qu'elle est aujourd'hui. Le glacier commun sur lequel sont assis Alger et Paris est impossible à briser mais il continuera à fondre, avec, de temps en temps, de gros morceaux de glace qui s'en détacheront.

La relation politique, que l'on croyait facilitée par de présumées affinités entre Emmanuel Macron et Abdelmadjid Tebboune, s'effrite sans cesse un peu plus. Depuis 2017, le président français – c'est perceptible à travers ses discours – a certes beaucoup arrondi ses propos quand il parle aux Algériens. Il a compris que toutes les vérités n'étaient pas bonnes à dire, en tout cas pas de la manière dont il le faisait. En 2017, en plein bain de foule, il avait interpellé un jeune Algérien en lui demandant son âge (26 ans) et il lui avait dit : « Mais vous n'avez jamais connu la colonisation ! Qu'est-ce que vous m'embrouillez avec ça ? Votre génération, elle doit regarder l'avenir. La jeunesse algérienne ne peut regarder son passé, elle doit construire. » Cette méthode, un parler cash et une propension à rentrer par la fenêtre quand on lui ferme la porte, l'expose inévitablement à des dérapages.

Plus grave : sa fragilisation politique en interne rend de plus en plus périlleuse sa stratégie du « en même temps ». Conserver de bonnes relations à la fois avec l'Algérie et avec le Maroc paraît même aujourd'hui impossible, alors que Paris a, depuis cet été, décidé de soutenir le plan d'autonomie marocain et de reconnaître la « marocanité » du Sahara occidental. Les sanctions qui seront décidées par Alger contre Paris, s'il y en a, parleront de ce qui se passe en surface. En profondeur, la machine de l'État et l'administration, en anticipant les réactions de leur hiérarchie, vont inévitablement se fermer un peu plus face à leurs interlocuteurs français.

À Alger, l'environnement devrait favoriser l'hypersensibilité au lieu de rationaliser les décisions. En réponse aux offensives turque, russe ou émiratie en Afrique, les revendications souverainistes comme constituant de l'identité nationale post-coloniale ne peuvent qu'être plus fortes. Si le tarissement des ressources humaines n'est pas enrayé et si une classe islamiste sans colonne vertébrale idéologique autre que le néolibéralisme (c'est le cas de la classe islamiste algérienne) arrive au pouvoir, les décideurs n'auront d'autre choix que de développer un discours populiste pour se maintenir au pouvoir.

Les visas continueront d'être un levier de pression pour Paris. Dans une certaine mesure pour Alger aussi, mais, à l'inverse des visas français, la restriction des visas algériens pèse peu sur la population française et davantage sur la coopération bilatérale. Pour l'immense majorité des Algériens – qui, contrairement à ce que martèle l'extrême droite, ne rêve pas de venir s'installer en France – la procédure de demande de visa devient chaque jour plus compliquée et onéreuse. Les plateformes privées, VFS et TLSContact, qui sous-traitent depuis quelques années les demandes de visas, sont court-circuitées par des réseaux informels dont la mission consiste à pirater les créneaux de rendez-vous pour les redistribuer aux Algériens contre de l'argent. Certains témoignages rapportent des montants allant jusqu'à 500 euros. Un tarif auquel il faut ajouter les frais de service de VFS et TLSContact et les coûts de traitement du visa. Ce juteux business, en créant un filtre supplémentaire d'accès au visa, arrange en amont les plateformes qui s'évertuent à expliquer qu'elles ne peuvent « malheureusement » rien contre ces pirates, et bien sûr Paris, puisque tout ce qui se passe « en dehors de sa relation contractuelle avec VFS et TLSContact » n'est pas de son ressort. Pendant ce temps, toute la nomenklatura, sur laquelle Paris rêve de faire pression, continue d'utiliser les passeports de service qui profitent aussi à la famille. Comme tout le monde – à part l'Algérien lambda – trouve son compte dans cet écosystème, alors on peut imaginer qu'il perdure et continuera à nourrir le ressentiment de la population face à la France, vue, à juste titre, comme l'instigatrice d'un régime inique de distribution des visas. Il est prévu que la gestion politique des visas Schengen prenne une autre direction, via la création d'une plateforme numérique pour centraliser les demandes à un niveau européen.

Sur le papier, le projet de la Commission européenne affirme que la numérisation de la procédure réduira les risques posés par les vignettes-visas physiques, qui font plus facilement l'objet de fraudes, de falsification et de vol, et promet une « protection permanente des droits fondamentaux ». En pratique, de nombreuses questions, comme la collecte biométrique sécurisée pour les primo-demandeurs, n'ont pas encore été résolues.

Jusqu'en 2027 encore, la Macronie a tous les outils en main pour tenir l'équilibre sur les irritants. La grenade « subversifs », ces opposants en exil qui attaquent le pouvoir algérien depuis la France, est régulièrement lancée dans la pièce des négociations et régulièrement dégoupillée par Paris, qui invoque « la séparation des pouvoirs ». En clair, si la justice ne veut pas les rendre à l'Algérie, ce n'est pas à l'exécutif de s'en mêler. Dans une métaphore très intéressante, un Algérien s'étonnait de l'incroyable « surdité » de Paris sur cette question. « Imaginez : vous invitez un ami à un barbecue où vous avez aussi convié son pire ennemi… Le comble, vous lui annoncez que vous l'hébergez. Comment croyez-vous qu'il va réagir ? » L'Algérie a compris, mais le dossier constitue pour elle un bon levier de pression dont elle n'a, pour l'instant, pas envie de se priver.

La France a-t-elle les moyens d'enrayer le processus ? Oui, et elle devrait s'y consacrer en priorité si elle veut rester dans la course, et réagir au plus vite pour ne pas continuer à perdre de l'influence au profit d'autres pays, en particulier européens. Le sujet n'est pas simplement diplomatique. Il n'est pas uniquement question de la projection politique de la France à l'étranger en tant que « puissance » sur la scène internationale : il y va de ses intérêts économiques et de son influence culturelle et linguistique.

Paris peut décider d'opérer une révolution dans son logiciel, indépendamment de la voie que se choisira l'Algérie (se tourner plus ou moins vers la France). À Alger, un changement est perceptible depuis l'arrivée au pouvoir d'Emmanuel Macron. Y sont envoyés des diplomates plus jeunes, sans affect avec l'Algérie ni avec la Françafrique, conscients d'une nécessaire remise en question de la façon dont le Quai d'Orsay regarde son ancien département en particulier et ses anciennes colonies en général. L'ambassade est d'ailleurs en train de reconstruire un réseau post-Hirak plus hétéroclite, plus ouvert, pas nécessairement « d'abord francophile ». Elle mesure par ailleurs l'ampleur de la tâche alors que certains Algériens refusent de fréquenter l'ambassade de peur d'être identifiés par les policiers à l'entrée et d'être un jour convoqués pour avoir à rendre des comptes.

Le reboot du logiciel pour sortir de la relation mortifère entre puissance du passé et pays en développement nécessite d'intégrer deux idées fortes.

1) L'Algérie change très rapidement et plus vite que la France. C'est un pays plus jeune : en 2020, les moins de 35 ans représentaient plus de la moitié de la population[1]. Sa situation géographique et culturelle, à cheval entre Moyen-Orient, Afrique, Méditerranée et Europe, rend la société perméable à plein d'influences en même temps. Elles se traduisent par des évolutions rapides dans la pratique des langues, la façon de consommer ou encore la place des femmes dans la société.

2) Le face-à-face France-Algérie existe de moins en moins : l'équation géopolitique a changé. La guerre froide avec le Maroc, la crise avec le Sahel, la fragilité tunisienne et, dans un cercle plus large, l'hostilité avec les Émirats, les incompréhensions avec la Russie, les affinités avec les BRICS placent de fait l'Algérie dans un multilatéralisme politique et économique. Un concept avec lequel elle est très à l'aise compte tenu de son engagement auprès du Mouvement des non-alignés fondé

1. *Démographie algérienne 2020*, Office national des statistiques, 2022, n° 949.

pendant la guerre froide, refusant la bipolarisation entre le bloc soviétique et le bloc occidental dès 1955. Malgré des points communs avec la Chine ou la Russie (une culture politique de caractère autoritaire) et l'Afrique du Sud (le FLN a formé Nelson Mandela), l'Algérie n'a pas réellement réussi à faire sa place parmi ces pays – le rejet de sa demande d'adhésion aux BRICS en est une belle illustration. Elle y a toutefois développé une expérience dans le multilatéralisme qui lui permet depuis 1962 d'entretenir de bonnes relations à la fois avec la Russie et les États-Unis. Sauf qu'aujourd'hui il n'est plus question de non-alignement mais de « multi-alignement » avec la confirmation en puissances d'États émergents comme la Chine et l'Inde.

Ces deux axes de réflexion permettent de comprendre pourquoi, pour Paris, instaurer un rapport de forces pour obtenir ce qu'elle veut d'Alger ne ferait qu'enfermer la relation bilatérale. Au contraire, adopter une attitude résiliente, accepter le bégaiement des crises et des réconciliations, sans rien céder à ce à quoi la France peut prétendre dans cette tumultueuse relation, est une des clés d'une relation apaisée. Dans son discours à la communauté française en 2022, Emmanuel Macron l'a dit de manière très juste : « Cette relation bilatérale est avant tout un trésor de petits destins d'humanités, de vies croisées, de hasards, de fatalité, et tout ce qui nous attend aura la même saveur. » Paris a tout intérêt à capitaliser sans bruit sur ce qui fait le caractère exceptionnel de cette relation – les ressources humaines, la proximité géographique, la complicité des élites – et à miser sur le tempo des puissances émergentes du moment : le temps long.

Bibliographie sélective

AGERON Charles-Robert, *Histoire de l'Algérie contemporaine*, PUF, « Que sais-je ? », Paris, 1997

AREZKI Saphia, *De l'ALN à l'ANP. La construction de l'armée algérienne 1954-1991*, Alger, 2018

BAJOLET Bernard, *Le soleil ne se lève plus à l'est. Mémoires d'Orient d'un ambassadeur peu diplomate*, Plon, 2018

BOURAS Ammar, *1990-1995. Algérie, chronique photographique*, Barzakh, Alger, 2018

BRAHIMI EL MILI Naoufel, *France-Algérie. 60 ans d'histoires secrètes. 1962-2022*, Fayard, 2022

CARLIER Omar, *Entre Nation et Jihad. Histoire sociale des radicalismes algériens*, Presses de la Fondation nationale des sciences politiques, Paris, 1995

CHESNOT Christian, MALBRUNOT Georges, *Le Déclassement français. Élysée, Quai d'Orsay, DGSE : dans les secrets du sérail*, Michel Lafon, 2022

CHOUTRI Fadhila, *Violence, Trauma et Mémoire*, Casbah, Alger, 2001

DAOUD Kamel, *Mes indépendances. Chroniques 2010-2016*, Barzakh, Alger, 2017

DAYAN ROSENMAN Anny, VALENCI Lucette (sous la dir. de), *La Guerre d'Algérie dans la mémoire et l'imaginaire*, Éditions Bouchène, Saint-Denis, 2004

DRIDI Daikha, *Alger blessée et lumineuse*, Autrement, Paris, 2005

DRIENCOURT Xavier, *L'Énigme algérienne. Chroniques d'une ambassade à Alger*, L'Observatoire, Paris, 2022

FERAOUN Mouloud, *Journal 1955-1962*, Le Seuil, 1962

GRAÏNE Larbi, *Algérie. Naufrage de la fonction publique et défi syndical*, L'Harmattan, Paris, 2010

HACHEMAOUI Mohammed, *Clientélisme et Patronage dans l'Algérie contemporaine*, Kharthala/Iremam, Paris, Aix-en-Provence, 2013

—, « La rente entrave-t-elle vraiment la démocratie ? Réexamen critique des théories de "l'État rentier" et de la "malédiction des ressources" », *Revue française de science politique*, 2012/2 (vol. 62)

HADJ-NACER Abderrahmane, *La Martingale algérienne. Réflexions sur une crise*, Barzakh, Alger, 2011

JENNI Alexis, *L'Art français de la guerre*, Gallimard, Paris, 2011

JULIEN Charles-André, *Histoire de l'Afrique du Nord. Des origines à 1830*, Payot & Rivages, 1994

KACIMI Mohamed (sous la dir. de), *Les Années Boum*, Chihab, Alger, 2016

LACOSTE Camille, Lacoste Yves, *Maghreb, peuples et civilisations*, La Découverte/Poche, Paris 2004

LAPAQUE Sébastien, *Théorie d'Alger*, Actes Sud, France, 2016

LAURENDEAU Romain, *Kho*, No, France, 2021

LEDOUX Sébastien, MORIN Paul-Max, *L'Algérie de Macron, les impasses d'une politique mémorielle*, Presses Universitaires de France, 2024

PIERRE Michel, *Histoire de l'Algérie, des origines à nos jours*, Tallandier, Paris, 2023

RAHAL Malika, *Algérie 1962. Une histoire populaire*, La Découverte, Paris, 2022

—, « Comment faire l'histoire de l'Algérie indépendante ? », *La Vie des idées*, 2012

SAYAD Abdelmalek, *La Double Absence. Des illusions de l'émigré aux souffrances de l'immigré*, Le Seuil, Paris, 1999

STORA Benjamin, *France-Algérie, les passions douloureuses*, Albin Michel, Paris, 2021

—, *La Gangrène et l'Oubli. La mémoire de la guerre d'Algérie*, La Découverte, Paris, 2005

TESSA Ahmed, *L'Impossible Éradication. L'enseignement du français en Algérie*, Barzakh, Alger, 2015

ZENITER Alice, *L'Art de perdre*, Flammarion/Albin Michel, Paris, 2017

Table

Composition et mise en pages
Nord Compo à Villeneuve-d'Ascq

#lisez! engagé
Pour plus d'information :
www.lisez.com
Imprimé sur du papier issu de forêts gérées durablement.

CET OUVRAGE
A ÉTÉ ACHEVÉ D'IMPRIMER
SUR ROTO-PAGE
PAR L'IMPRIMERIE FLOCH
À MAYENNE EN AOÛT 2024

N° d'impression : 105402
Imprimé en France